ちくま新書

習近平の中国経済

——富強と効率と公正のトリレンマ

石原享一
Ishihara Kyoichi

1431

習近平の中国経済——富強と効率と公正のトリレンマ【目次】

はじめに

中国が改革開放政策に転じてから四〇年がたちました。中華人民共和国が成立してからだと、約七〇年になります。この節目の時期に、現在の中国経済がどのような課題に直面しており、今後どのような方向に進もうとしているのかを明らかにしてみようというのが本書のねらいです。

現代中国の経済体制は改革開放前と改革開放後とに大きく分けられます。改革開放前の三〇年間は社会主義の計画経済を標榜《ひょうぼう》していました。毛沢東が指導者として君臨していた時代です。

毛沢東亡きあと、一九七〇年代末から改革開放への転換を主導してきたのは鄧小平です。「改革開放」とは一言でいえば、経済の市場化と国際化を推進することです。

一九八〇年代には鄧小平のリーダーシップの下で、胡耀邦や趙紫陽が中国の改革開放政策を担ってきました。一九八九年六月四日の天安門事件でこの流れはいったん挫折します。しかし、鄧小平の改革開放を推進する方針は揺るぎませんでした。一九九二年に鄧小平は南方各地を回って、改革開放の実行を促し(「南巡講話」)、全国的に再び外資進出のブームが起こります。

一九九〇年代に「社会主義市場経済」の看板を掲げて、全面的な市場経済への道筋をつけたのは江沢民・朱鎔基の政権です。二一世紀に入ると、胡錦濤・温家宝がリーダーシップを握ります。この政権は急速な高度成長と市場経済化がもたらした歪みを是正することにも配慮し、「和諧社会」(調和のとれた社会)の建設をめざす方針を示しました。

二〇一〇年には中国のGDPが日本を超え、世界第二の経済大国となります。このような国力の伸張の上に登場したのが習近平や李克強の指導する現政権です。

この政権の下で、政治的には習近平を中心とした指導部への権力集中が進んでいます。主流派は汚職・腐敗に反対する政治的キャンペーンを巧みに利用しつつ、反対派勢力の追い落としを図ってきました。二〇一八年三月には内外からの批判をものともせず、憲法を改定して国家主席の任期制を撤廃し、習近平体制の長期化をめざしています。

習近平のカリスマ性を強めようという動きも見られます。二〇五〇年までに「中国的特色をもつ社会主義の現代化強国」になるという目標が立てられました。また、「社会主義の核心的価値観」として、街の各所に左記のような標語を掲げ、国民統合と社会の安定を築こうとしています。ただし、これらの標語は互いに両立しがたい関係のものもあり、どこまで本気で取り組むつもりなのか疑わしいところです。

富強　民主　文明　和諧
自由　平等　公正　法治
愛国　敬業　誠信　友善

［注］敬業（勤勉）、誠信（誠実）、友善（友愛）

習近平政権の下で、今後の中国がさらなる飛躍を遂げ、国民統合と社会の安定が進むのか、それとも各種の社会経済的矛盾が激化して社会の混乱や政情不安をもたらすのか、いまだ定かではありません。

本書で述べるように、中国の経済には富強と効率と公正という三つの原理がせめぎ合っています（五六頁の図2－1参照）。これら三つの原理は互いに矛盾しているところもあり、同時に三つを実現することは容易ではありません。

このような「トリレンマ」の関係を軸にして、中国経済の直面する課題を解き明かしてみました。中国はグローバル経済の下で国際社会と共通の問題に向き合っていると同時に、中国独自の事情と困難もかかえています。

第1章では、マクロ的な面から改革開放後の中国の経済と社会のありようを明らかにしました。中国は今なお、社会経済の構造転換の真っ只中にあります。

第2章では、中国の経済論壇をリードする三つの勢力、すなわち現体制派、民主派、新左派それぞれの思想について検討しました。富強と効率と公正というトリレンマの関係にある三つの原理をめぐって、中国の制度改革は踏み惑っています。

第3章では、民衆の日々の暮らしと社会経済の安定にかかわる食品安全の問題に焦点を当てます。企業の違法行為と行政の取り締まりとのイタチごっこの関係を断ち切るにはどうすればよいか、現地調査も踏まえて、その方途を探ってみました。

第4章では、中国におけるこれまでの政権の存立を左右してきた農民・農村・農業問題（「三農問題」）を取り上げました。現政権の下で、都市・農村一体化や農村土地所有権をめぐる改革が進められています。

第5章では、中国のアキレス腱の一つである民族問題を取り上げ、新疆ウイグル自治区の経済構造を探ってみました。国家のめざす富強や市場競争の生みだす不平等は民族共生の理念と両立しがたいところがあります。

第6章では、中国の対外経済戦略と日米中の三国間関係について考えます。近年の米中の「貿易戦争」に象徴されるように、アメリカと中国が政治面でも経済面でも対立・競合しながらも、互いに相手を最も重要な存在として認め合う関係はこれからも長く続くでしょう。米中の谷間に日本が埋没してしまわないためにはどうするか、知恵のしぼりどころです。

本書が中国の実像への理解を深め、今後の日中関係について考える際のよすがの一つとなれば幸いです。

凡例

1　本文中で引用したり、言及したりした人物の名は、すべて敬称を省略しました。

2　主な会議の略称は、以下のとおりです。

中国共産党第十八回全国代表大会　↓　党十八全大会

中国共産党第十八期中央委員会第三回全体会議　↓　中共十八期三中全会

第十三期全国人民代表大会第二回会議　↓　第十三期全人代第二回会議

3　中国語をそのまま使ったところは、中国語のルビを付しました。

第 1 章

改革開放四〇年の経済と社会
――転換期の構造矛盾

中国の高速鉄道、復興号

1　膨張する中国経済

†中国のGDP指標は信頼できないのか

中国が改革開放政策に転じてから四〇年になります。この間、中国経済はめざましいスピードで成長してきました。

国連統計によれば、計画経済時代の一九七〇年、中国のGDP総額は九二六億ドルで、日本の半分以下でした。また、同年の中国の一人あたりGDPは一〇九ドルで、日本の二〇分の一でしかありません。インドとほぼ同額です。

ところが、改革開放二〇年余を経た二〇一〇年には中国のGDPは六兆ドルに達します。日本を超えて、アメリカに次ぐ世界第二位になりました。

その後も中国は高度成長を続けているのに対し、日本経済は低成長に陥っており、日中間のGDPの規模の差は開く一方です。二〇一七年の中国のGDP一二・二兆ドルは日本の二・五倍にもなります。一人あたりGDPはまだ日本のほうが上ですが、中国の一人あたりGDP八八二七ドルは日本の四分一くらいにまで追いついてきました。インドの一人あたりGDPと比べてみると、中国はすでにインドの五倍近くになっています。

中国のGDP伸び率は二〇一二年から七%台に、そして二〇一五年から六%台にと次第に鈍化してきています。二〇一七年に中国政府はこれを「新常態」と称し、量的拡大より質的向上をめざす時期だとみなしています。

二〇一九年三月の全人代では、景気減速の傾向や米中貿易摩擦の影響などを勘案して、六〜六・五%とさらに成長率の目標を下げました。それでも先進諸国と比べれば高い成長率です。国際経済との断絶などという大きな挫折がなければ、中国がいずれアメリカを抜いて、GDPの総額で世界トップになることは間違いありません。

中国のGDP指標は信用できないのではないかという見方があります。中国の統計には地方幹部の関与や各官庁の思惑などがからんでおり、確かに信用できないところがあります。しかし、国家統計局の組織機構と統計調査の方法、中国のGDP指標作成の歴史的変遷をたどってみれば、ある程度まで信頼できることがわかります。

たとえば、各省・直轄市・自治区別の域内総生産(GRP)を合計しても国内総生産(全国GDP)と一致しないから、中国のGDP統計は信用できないという批判があります。

この点については、日本でも都道府県別の域内総生産（GPDP）を合計しても国内総生産（全国GDP）と一致しないので、日本も中国も同じことです。まして、中国は日本より国土が広く、人口も多いのですから、地方の合計と全国統計との差が日本よりもっと大きく出ても不思議ではありません。ところが、その差とGDP全体との比は中国も日本も似たようなものなのです。

『中国統計年鑑』では、「地方のGRPは地方の統計局のデータを採用しているので、それらを合計しても全国GDPとは一致しない」とわざわざ断っています。

同様の但し書きは『日本統計年鑑』にもあります。それには、「県民経済計算の四七都道府県の合計は、概念的には国民経済計算と一致するものであるが、推計主体及び推計方法が同一でないため一致しない」と記されています。

自国の非を棚に上げて、他国の非をあげつらうようなことをするのはフェアな態度ではありません。

また、エネルギー消費や鉱工業生産がマイナス成長か停滞をしているのに、全体のGDP成長率があまり変わっていないのは不自然だという疑念も出されています。これについても、中国の産業構造が大きく変動する転換期にあることや、とくに金融業の付加価値額の伸びが著しいなどの点を考慮すれば、まったく根拠のないデータとまではいえません。日本でも賃金統計の調査方法を所轄官庁が勝手に変更した上に、データを政権に都合のいいように操作したりしているので、中国の統計ばかりを非難することはできません。

†産業構造の大変化

一九七〇年代末からの改革開放以降、中国経済は急速に成長してきたのと同時に、産業構造も大きな変化を遂げてきました。

図1－1は、中国の産業構造の構成比の変化を示したものです。

一九七八年から二〇一七年までの約四〇年間における中国の産業構造の推移をみると、農業を中心とした第一次産業はその比率がGDPの二八％から八％にまで低下しています。鉱工業、電力、建設業などからなる第二次産業はあまり変わっていません。それに対して、商業・金融業・サービス業などからなる第三次産業はGDPの五〇％を超えるまでに拡大してきました。

各産業別のGDPの実質伸び率（一九七八年価格換算）をみ

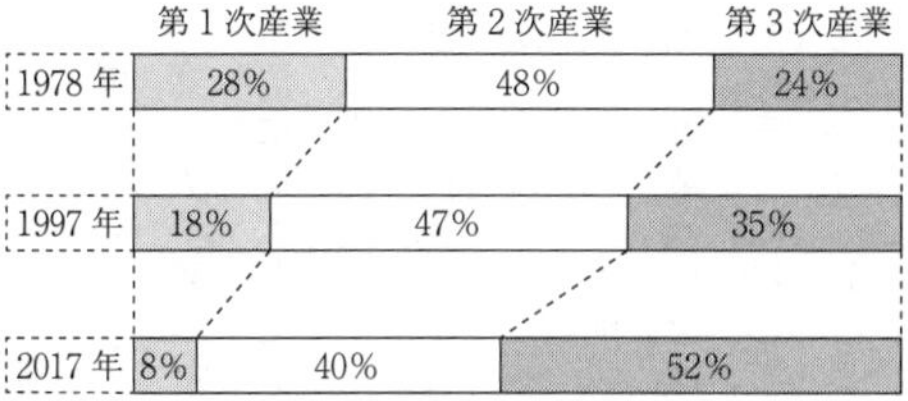

図1-1　中国の産業構造の推移（GDP構成比）
（注）当年価格換算。
（出所）『中国統計年鑑』2018年版。

ると、この四〇年間に第二次産業と第三次産業の伸びが著しく、それぞれ五三倍と四八倍に増えています。

第三次産業の中でも金融業の伸びが群を抜いており、四〇年間で金融業の付加価値は九一倍に拡大しています。周知のように、世界経済においてもカジノ資本主義の下で金融業の取引は財・サービスの実物取引を大きく超えています。中国でも国有の金融機関は政経密着の体質上、政府や国有企業への融資は甘くなりがちです。金融業は巨額の不良債権をかかえながら、その営業規模を拡大してきました。

就業人口の構成からみても、そのことが裏付けられます。一九七八年と二〇一七年の中国の就業人口を比べてみると、第一次産業が二・八億人から二・一億人へと二六％減少しているのに対して、第二次産業は六九〇〇万人から三倍の二・二億人に、第三次産業は四九〇〇万人から七倍の三・五億人に増えています。二〇一七年の就業人口の構成は、第一次産業二七％、第二次産業二八％、第三次産業四五％です。

中国の第三次産業の就業比率は高まっていますが、七〇％を超える先進諸国ほど高くはありません。中国の産業構造は欧米や日本などの先進国型に急速に近づきつつありますが、今なお産業構造の転換過程にあるといえます。

ところで、GDPは一国の経済規模を表す指標として一般的に用いられますが、そこには一定の限界があります。

第一の限界は、GDPに算入される経済活動は市場で価値評価されたものに限るという点とかかわっています。主婦（主夫）の家事・育児などの労働、および闇の賭博・売春・麻薬売買などの公序良俗に反する活動や地下経済はカウントされていません。

GDP指標のもつ第二の限界は、社会的公正や環境生態系の高さを示す指標ではないということです。まして、国民の精神的豊かさや幸福度を表すものではありません。GDP指標では、河川や湖沼の清らかさ、自然の景観の美しさ、野生動物の生存状況などを測ることはできません。

前述したGDP指標の限界を考慮したとき、中国のGDPが日本を超えたという事実は何をもの語っているのでしょうか。

一つは、地下経済の部分が含まれていないという点についてです。地下経済とは政府統計や税務当局によって捕捉されない隠れた経済活動のことです。発展途上国の地下経済はGDPの三五％を上回るとみられていますが、中国では地下経済の規模はGDPの一〇～二〇％に相当すると推計する学者が多数を占めています（朱敏論文『中国経貿導刊』二〇一三年四月上旬号)。

たとえば、闇金融、不動産や土地使用権の闇取引、闇のネット通販、密輸、「小金庫」と呼ばれる官庁や企業の隠し金、幹部や官僚の口利き料、教員の家庭教師代、露店や行商の収入、日雇い労働の日当などは統計上にカウントされていない部分が多くを占めます。地下経済を含めた経済規模を比較してみれば、中国経済が日本経済の大きさを上回っているという現実には変わりはないでしょう。

もう一つは、GDPの拡大は環境生態系や社会的厚生の向上を示すものではないという点です。この点については、中国経済が成長するに伴い、環境汚染が深刻化し、社会のあつれきが増しているという事実にも現れています。環境汚染や原発事故を起こし、その除染作業や事故処理に財政や企業の資金をつぎ込めばGDPは増えますが、いったん破壊された自然環境は元にはもどりません。

このようにGDP指標は市場経済活動の規模を数量的に表したものであって、その規模が拡大したからといって、国民生活の質が向上しているとは限りません。まして中国の一人あたりのGDPは一万ドルにようやく届くかというレベルであり、先進諸国の三万～七万ドルとはまだ大きな差があります。中国のGDP総額が日本を超えたからといって、過度に悲観する必要はないのです。

2　経済規模が巨大であることの優位性

†新四大発明

経済の成長スピードが速いことは中国にとって長所でもあり、また短所でもあります。党や政府が決定したことをすばやく全国的に実施できるのは中国の優位なところだといえます。「中国が命令で実行することを、インドはある程度説得によって実行しなくてはならない」（ロビン・メレディス著／大田直子訳『インドと中国――世界経済を激変させる超大国』ウェッジ、二〇〇七年）。

たとえば、インドではカースト制の影響をなくしたり、農村女性の地位を向上させたりする取り組みはなかなか進みませんが、中国では政府が半ば強制的に義務教育を普及させ、男女同権を実現させてきました。教育の普及や女性の地位向上は経済の発展にとって欠かせない条件です。

中国経済の規模が巨大で、しかも政府や企業の意思決定のスピードが速いことが効を奏した事例として、中国の「新四大発明」を挙げることができます。教科書で習う中国古代の四大発明は紙、火薬、羅針盤、印刷術です。暮らしの文化という面からみれば、豆腐、金魚、マージャン、四大奇書（水滸伝、三国志演義、西遊記、金瓶梅）こそが世界に誇るべき中国の四大発明ではないかと思うのですが……。

それはともかくとして、現在の中国で巷間いわれる「新四大発明」とは、①スマホ決済、②シェア・サイクル、③ネット通販、④高速鉄道です。

中国の大都市では買い物や飲食代を支払うのにスマホで決済するので、ほとんど現金は要りません。屋台などでは、お釣りが面倒だったり、手が汚れたりするのを嫌がって現金が使えず、むしろスマホでしか支払えない店もあるほどです。いつでもどこでもスマホでタクシーを呼び出して乗れる「網約車」（タクシーの配車アプリ）もその延長線上にあります。配車アプリの滴滴《ディーディー》という会社は中国国内のみならず、すでに大阪や札幌でも事業展開しています。

シェア・サイクル事業は数年前、札幌にも中国から進出してきて、話題になりました。スマホで近くの自転車置き場から借り、目的地で乗り捨てておけば業者が回収してくれるのですから、この上なく便利です。ただし、二〇一八年になって、シェア・サイクル大手のモバイク（摩拝単車）が買収されてブランド名が消えるなど、ブームも下火になってきたようです。

ネット通販は中国では世界一の巨大な市場に成長しています。中国の都市では、各戸に届けるものもありますが、集配業者が街の一角に荷物を並べて待っていて、顧客に受け取りに来させるものもあります。交通不便な地方の農村でもネット通販は重宝されています。

高速鉄道が中国の発明だと広言されるのには、新幹線を発明した日本としては噴飯もののところがあります。二〇一一年七月に温州で起きた高速鉄道事故の処理のずさんさをみればなおさらのことです。

他方で、国土の広い中国は南北と東西それぞれの方向に四つの幹線を走らす「四縦四横」計画（二〇〇三～二〇年）を進めてきました。現在では「八縦八横」計画（二〇一六～三〇年）へとさらに発展させています。高速鉄道の延長距離は今や二万九〇〇〇キロ（二〇一八年末）に達し、日本の新幹線の三〇〇〇キロの約一〇倍です。年間の乗客数も延べ九〇億人を超えています。しかも、東南アジアやヨーロッパと中国とをつなぐ国際的な高速鉄道計画にも着手していますから、日本の鉄道は中国の鉄道の遠大な構想にはとうてい及びません。

以上に述べた新四大発明は、中国の人口や市場の規模が大きいことによって支えられています。また、それらの普及スピードは世界でも群を抜いています。法整備や官庁の規制に手間取り、企業の意思決定も遅い日本とは比べものになりません。

3　急速な経済成長のつけ

†北京にみる改革開放の齟齬

改革開放四〇年間で中国は急速に経済規模を拡大してきましたが、他方ではその歪みやマイナスの面も顕著に現れてきています。

筆者は二〇一五年と二〇一八年にそれぞれ三週間ばかり北京に滞在しました。中国各地を転々と旅行することはよくありますが、北京だけに留まって比較的長い時間を過ごしたのは久しぶりです。

今回は海淀区のF大学の専家楼に泊まりましたが、以前と比べて、外出するとひどく疲れを感じるようになりました。年齢的に体力が落ちたせいもあるのでしょうが、日本ではあまり感じることのない疲労感です。「受折磨《ショウヂョーモー》」（さいなまれる）とか「挣扎《ヂョンヂャー》」（あがく）とかの語感がしっくりくるような気がします。

この疲労感はいったい何なんだろうと考えているうちに、その原因は北京の街の慌しさと混雑にあるのではないかと思うようになりました。

北京の地下鉄は今では二二路線（二〇二〇年には三〇路線の予定）に増え、地下鉄だけなら東京の一三路線を上回っています。六環路（第六号環状線）より外の郊外地区にまで延伸しており、交通事情は以前よりずっと改善されました。それでも、北京の市街区を移動するには地下鉄よりバスに乗るほうが便利です。しかし、この市バスの乗り降りもゆっくりしてはいられません。

バスが到着して、ドアが開くなり、運転手が「早く乗れ」と乗客をせきたてます。バスには運転手のほかに、切符売りの女性車掌と保安係の年配の男性も乗務しています。バス代はプリペイド・カードで支払えるのですが、乗車時や降車時に車掌は大きな声で代金の支払いを確認するし、保安係は立っている乗客に空席に座るよう指示します。次のバス停が近づくと、降車する客はドアの傍で降りる準備をするようせかされます。急発進と急停車を繰り返すバスの中は、ひたすらせわしなく、落ち着きません。

一九八〇年代の北京の市バスは蛇腹で前後二輛をつないだ長大な車輛なのに、満員すし詰め状態でした。それはそれでたいへんでしたが、現在のようなせわしなさとは違っていました。

道路を横断するのも容易ではありません。横断歩道の青信号の時間が短く、急いで渡らないとすぐ赤信号になってしまいます。しかも、中国の交通ルールではアメリカと同じく右折車は信号が赤でも右折可能ですから、車が優先だとばかりに突っ込んできます。横断歩道一つを渡るにもおちおちしていられません。

比較的広い道路では道路の両側の一車線が自動車の専用駐車場として使われていることがあります。片側二車線以上ある道路ならまだいいのですが、片側一車線しかない道路でも両側にずっと車が並んで、路上駐車が当たり前となっています。

F大学の構内も同様で、講義棟や研究室のある東キャンパスでは教職員の車が所せましと並んでいます。西キャンパスには専家楼や留学生寮のほかに教職員の家族が住む宿舎や各種の商店・食堂がひしめいています。ここにも昼夜を問わず多くの車が停められていますす。以前はテニスコートだったフェンス囲いの一画も駐車場と化していました。二〇一八年にはさらにその一画をつぶして、高層ビルを建設する工事が始まりました。北京の街に出かけても、大学構内を歩いても疲れるわけです。

では、どうしてこのように北京では駐車場が大きなスペースを取るようになってきたのでしょうか。

	面積（km²）	人口（万人）	人口密度（人/km²）	自動車保有台数（万台）	車両密度（台/km²）
北京	16410	2154.2	1313	608	371
東京	2194	1388.5	6328	442	2017
首都圏（東京・埼玉・千葉・神奈川）	14556	3652.6	2509	1627.4	1118

表1-2　北京と東京の人口密度（2018年）
（出所）北京市政府と各自治体のデータによる。

表1－2で、北京と東京の人口密度と車両密度を比較してみました。東京都の面積は北京市の面積の八分の一しかなく、東京の人口密度も車両密度も北京の五倍ほどの高い数値になっています。東京のほかに埼玉、千葉、神奈川を含む首都圏と比べてみても、首都圏のほうが北京より人も車も密集しているという事実には変わりありません。

それにもかかわらず、北京市では街中の道路や大学内の道路が駐車場と化してしまっているのはなぜでしょうか。

一つには、北京市の人口が急速に増加しているからです。これまでの三〇年間で人口は二倍になっています。

もう一つは、中国では駐車場の敷地が設定される前に、あるいは立体駐車場などの施設が整備される前に市民の自動車購入が急速に進んでいったからです。もっと辛辣《しんらつ》に言えば、社会共通インフラの整備や環境への周到な配慮を欠いたまま、早い者勝ち、強い者勝ちの市場競争を促進してきた中国の改革開放の進め方に問題の根源があるといえます。

二〇一七年四月に中国政府は河北省保定市に首都機能の一部を移した新都心として、「雄安新区」を設立することを決定しました。深圳経済特区や上海浦東新区と並ぶ国家レベルの新区です。北京市の南西方向に位置し、保定市東北部の雄県、容城、安新などの県が含まれます。

また、北京市大興区と河北省廊坊市との間に北京の第二国際空港として北京大興国際空港が建設中です。雄安新区や大興国際空港が北京の混雑の緩和につながるのか、あるいはますます首都圏へのヒト、モノ、カネの集中をもたらすだけなのかはいまだ定かではありません。

中国の改革開放の進め方に齟齬《そご》があることは、改革開放四〇年を迎えた今日、環境汚染や所得格差の問題が深刻化していることにも現れています。

†誠実信用の喪失とルールの欠如

国務院研究室信息研究司司長［情報研究局局長］の劉応傑の著書（『中国経済発展戦略研究』中国言実出版社、二〇一八年）によると、中国社会の急激な転換過程において、中国社会には誠実信用の喪失とルールの欠如という問題が起こっているといいます。

急激な社会の転換とは、過去の伝統的な農業社会から現代の工業化社会への転換、農村社会から都市社会への転換、閉鎖的社会から開放的社会への転換のことです。中国では人類史上まれに見る大がかりな社会変動が起こっているといえます。

このような急激な社会転換の過程にあって、中国社会にはまだ安定成熟した社会構造が構築されておらず、また普遍的に守られるべき社会的ルールも確立していません。

劉応傑によると、第一の問題として、現在の中国社会では互いを信用できなくなっています。「假冒偽劣《ジアマオウエイリエ》」（偽物や粗悪品）は絶えることなく、「坑蒙拐騙《コンモングワイピエン》」（ごまかしやたぶらかし）はしょっちゅう起きています。たとえば、ニセタバコ、ニセ酒、ニセ食品、ニセ薬、ニセ学歴、ニセ証明書など、およそ偽造できるものは何でも造られます。

この問題の深刻さは商品の品質の問題としてばかりでなく、社会における信頼関係が失われていることにも現れています。商業詐欺、信用詐欺、ネット詐欺、電話詐欺などが横行することによって、人々を不信の連鎖に陥れています。

第二の問題として、現在の中国社会には社会的ルールや規範を守ろうという意識が欠けています。

中国の至るところで見られる現象ですが、交通ルールが守られていません。「中国式の道路の渡り方」とは、信号がないところでも数人がまとまって道路を横切れば大丈夫というものです。

中国は世界最大の自動車生産地と販売市場であり、すでに「自動車社会」となっています。しかし、運転者の交通ルールを守ろうとする意識は希薄で、無理な追い越し、割り込み、妨害、はみ出しは珍しくなく、甚だしくは緊急車両用の車線を走ったり、逆走したりすることもあります。中国の交通事故の発生率と死亡率の高さは世界でも最悪レベルです。

海外を訪れる中国からの観光客もうなぎ上りに増えています。中国人観光客の芳ばしからぬ行動やマナー違反は中国人全体のイメージ・ダウンにつながっています。たとえば、列に並ばない、順番を守らない、公共の場で大声で話す、観光地に落書きする、赤信号で渡る、ところかまわず痰を吐く、バイキング形式のレストランで食べきれないほど持ってくるなど。

以上は、劉応傑の指摘する中国社会における信頼関係の喪失です。同様の見方は、中国の改革開放四〇年の社会変化を跡付けた畢競悦（神華研究院）の著書（『中国四十年社会変遷』清華大学出版社、二〇一八年）にも書かれています。かといって、往時の自給自足や計画経済の時代に戻ることはできませんし、自動車に乗るのを止めて外出はすべて徒歩にするというわけにもいきません。中国の識者は自国社会が直面する矛盾と課題を冷徹な目でとらえています。

ところで、前出の劉応傑は二〇一一年九月に二一日間、国務院研究室の代表団として来日し、三菱総研や野村総研を訪問しています。その視察報告によると、「日本は世界で最も調和のとれた秩序のある国」だそうです。日本人は、礼節を重んじ、誠実で信頼でき、自己を律し、チームワークに長けていると高く評価してくれています。フクシマ原発事故後の日本を見てここまでほめられると、「ほめ殺し」ではないかと疑いたくなりますが……。

戦後日本の高度成長期から現在に至る経済や社会の歩みを同時代史として生きてきた筆者からすると、日本にも中国と似たようなところがあり、同病相あわれむの感を禁じえません。日本でも病菌豚事件やヒ素ミルク中毒事件が起こりました。「赤信号みんなで渡れば恐くない」というブラック・ジョークもありました。かつて日本人の団体観光客のマナーが悪くて、外国からひんしゅくを買ったこともあります。

日本人の中には、それらのことをすっかり忘れて、中国でルールやマナーが守られないことを他人事として高みに立って批判する人がいます。あるいは日本は原発事故で世界の環境を汚染したのだという自己認識すら持たないでいて、中国のPM2・5の問題を声高に非難する日本人もいます。

そういう自らの非を省みることのない日本人の心根のありようも恥ずべきことではないでしょうか。

4 社会経済的矛盾の連鎖

†転換期の構造矛盾

ここで中国の経済と社会が直面する課題をマクロ的かつ長期的な視点から見ておきまし

ょう。

中国の将来を見通すには多面的で複合的な視角が要求されます。とくに社会経済の多重構造をもつ中国を分析するには、次の三つの側面が主要な枠組みとなります。

①中国の地理的・歴史的におかれている特殊な条件（要素賦存）
②途上国としての生産力水準と産業構造から脱却しつつある発展過程
③社会主義を標榜しつつ市場経済化を推進している政治経済制度

この枠組みは、わが師、小島麗逸《れいいつ》がすでに一九七〇年代から「中国経済論」の講義で提示していたものです。学問上のディシプリンとしては、①地理学・歴史学、②開発経済学、③比較経済体制論の三つの分野を含むことになります。

図1－3において、中国の社会経済的矛盾の連鎖を図示してみました。それぞれの矛盾を作り出している要因は、単純に一つには帰せられません。前述したように、①地理・歴史的要因、②生産力的要因、③制度的要因のそれぞれがからみ合って、各種の矛盾が形成されているからです。他方で、それぞれの矛盾の性格をみれば、どの要因が大きく作用し

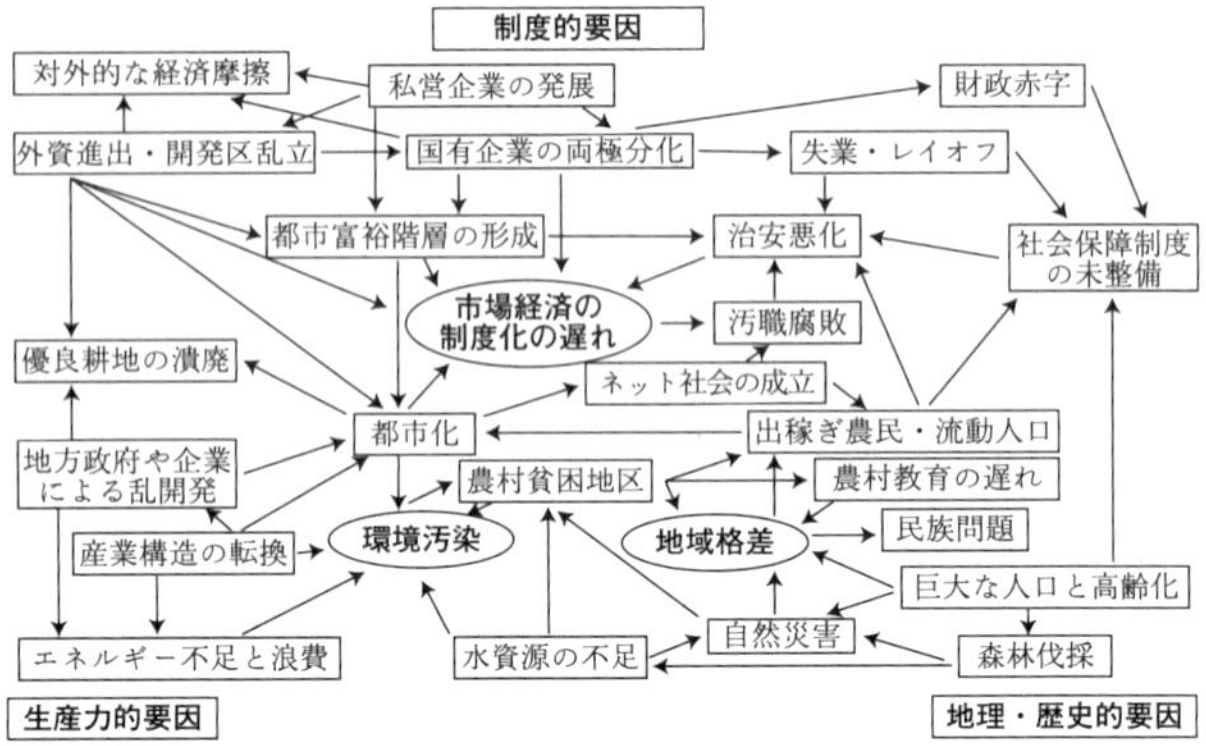

図 1-3　改革開放期の社会経済的矛盾の連鎖
（出所）筆者作成。

ているかがわかります。図では、このような連鎖的な矛盾の錯綜した関係を解きほぐすために、あえてそれぞれの要因の及ぼす作用の濃淡を強調しつつ、各種の矛盾を位置づけてみました。

まず、地理・歴史的要因として挙げられるのは、巨大な人口、農村の貧困と教育の遅れ、厳しい自然条件や森林伐採による自然災害、水資源の不足などです。これらの要因が大きく作用して都市と農村との格差、沿海部と内陸部との格差が形成されます。この格差の幅が大きければ大きいほど、出稼ぎ農民が都市や沿海部へ流入しようとする圧力も大きくなります。さらには、漢民族との格差によって辺境地帯に住む少数民族の不満がかきたてられ、民族対立が尖鋭化することにもなります。

次に、生産力要因からみた矛盾の帰結するところろは、環境汚染と資源・エネルギーの不足です。一人あたりのGDPはいまだ途上国としての段階にある中国にとって、自給自足の農村経済を商品経済化し、第一次産業の比重の高い産業構造を高度化していくことによって、経済の発展と所得の向上を図ることは、現体制の存立にかかわる至上命令です。しかし、そのような生産力の発展をめざす中国の前途には、環境汚染と資源・エネルギー不足が制約要因として立ちはだかっています。その困難を打開しようと対外進出して資源の獲得に動けば、世界のあちこちで経済摩擦をひき起こします。

さらに、制度的要因について言えば、今や中国は全面的な市場経済化の推進を謳《うた》ってはいるものの、現在成立している市場経済システムにはあちこちに不備や欠陥が現れていま す。外資の導入は一方で先進技術の普及や経済の国際化を促しましたが、他方で開発区の乱立や地方の国有企業の不振をもたらしました。市場経済化によって大量の失業・レイオフ人口や出稼ぎ労働者が発生しますが、これは財政赤字と社会保障制度の未整備のために社会不安を増幅させる元となっています。党幹部や官僚のなかには、市場経済システムの不備に乗じて汚職腐敗に走るものが少なくありません。

これらの問題は、一言で言えば転換期の構造矛盾です。大がかりな社会経済の転換過程

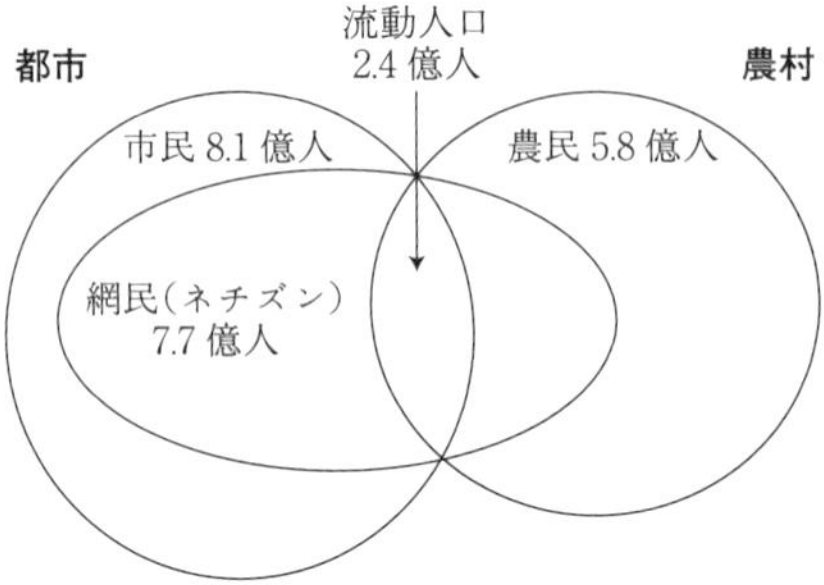

図 1-4　中国の階層構成（2017 年）
（出所）『中国統計年鑑』2018 年版、および CNNIC（中国インターネット情報センター）に基づき、筆者作成。

にあって、制度化された市場経済を構築するのには時間がかかります。社会経済的矛盾の連鎖は、中国が改革開放四〇年間にわたってかかえ続けてきたものであり、今後も向き合っていかざるを得ないものです。

†階層構成の変動

構造転換の過程で、中国の階層構成にも大きな変動が起こっています。これまでは、都市住民と農民という戸籍で分断された二つの階層がありました。

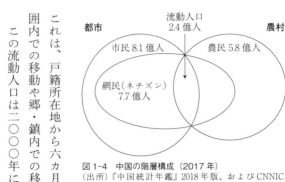

「流動人口」という中国の統計上の概念があります。これは、戸籍所在地から六カ月以上離れて暮らす人口のうち、同じ省直轄市や地級市の範囲内での移動や郷・鎮内での移動を除いた人口です。

この流動人口は二〇〇〇年には一・二億人でしたが、年々増加していきました。二〇一三年以降は二・五億人前後で推移しています。流動人口の多くは、農村から都市への出稼ぎ労働者です。これら農村からの出稼ぎ労働者は「農民工」と呼ばれています。このように農村から都市への出稼ぎ労働者が大量に登場することによって、都市・農村間の障壁に部分的に穴が開きました。

さらに近年のインターネットの普及によって、ネチズン（網民）と呼ばれるネット利用者が積極的に発信するようになり、中国社会への影響力を強めています。

そのような階層構成を図示したのが、図1－4です。

二〇一七年の人口一三億九〇〇〇万人のうち、都市住民が八・一億人、農民が五・八億人と都市の人口のほうが多くなっています。農村から都市に来た出稼ぎ労働者を主とする流動人口は二・四億人になります。ネット利用人口は七・七億人を数えます。

これからも社会経済の構造転換が続く中で、階層構成もさらなる変動にさらされることになります。

第 2 章

逡巡する中国の制度改革
――富強と効率と公正のトリレンマ

1960年代に民主社会主義を説いた顧准

1　習近平政権の改革方針

†踏み惑う新たな改革

二〇一三年一一月の中共十八期三中全会は、その開催前から中国内外のジャーナリズムをにぎわせていました。「全面的な改革深化」というスローガンの下で、習近平・李克強の新指導部がどのような改革方針を提示するかに注目が集まっていたからです。失脚した薄熙来・元重慶市党書記らの進めてきた「紅色中国」をめざす左派的な動きにどう対応するかにも関心がもたれていました。

前年の党十八全大会でも、経済建設、政治建設、文化建設、社会建設、生態文明建設という「五位一体」の制度建設が「党の歴史的使命」だとされており、多分野にわたる改革措置が打ち出されることへの期待感も高まっていました。

すでに二〇一三年七月二三日の武漢における座談会で、習近平は「全面的な改革深化」のための重大な課題として、次の六つを挙げていました。

①市場の統合
②公有制（とくに国有）経済の増強と非公有制経済の発展
③政府と市場の役割分担
④社会の和諧（調和）と安定
⑤社会的な公平と正義
⑥反汚職・反腐敗

このような党中央指導部の強い決意を受けて、ジャーナリストや学者・知識人もこぞって、その年の三中全会の意義を煽り立てました。百年余り前の清末の洋務運動、および一九七八年の改革開放政策への転換と並び立つ第三の社会改革として称揚する声すら出ていました。

体制側の論客として知られる清華大学国情研究院院長の胡鞍鋼は、経済体制改革を提起した一九八九年の十四期三中全会、科学的発展観を打ち出した二〇〇三年の十六期三中全会と並ぶ重大な会議だと位置づけています。外国人たる筆者のところにまで、開会期間中に『北京法制晩報』の記者が、国有企業改革、都市・農村一体化、司法改革、自由貿易区の設置などについてコメントを求めてきました。

鳴りもの入りで始まった十八期三中全会ですが、実際に採択されたコミュニケや決定は理念的な構想としても具体的な政策としても現体制の維持を基調としたものに留まっていました。内外のジャーナリズムが期待したような、斬新な改革方針を打ち出すには至っていません。その後も、二〇一七年の党十九全大会や二〇一八年三月の中共十九期三中全会でも現状維持が基調となっています。

習近平体制下の新たな改革はなぜ踏み惑っているのでしょうか。国有企業と市場経済のあり方を中心に考えてみましょう。

2　経済論壇をリードする三つの派

†中国型市場経済を唱える現体制派

現在の中国指導層はけっして一枚岩ではありません。経済システムのあるべき姿をめぐっても、政策決定に影響力をもつ党幹部・官僚、企業家、学者・知識人・ジャーナリストの間に大きな意見の相違があります。

中国の指導層を大別すると、以下の三つの派あるいは勢力に分けることができます。最も有力な勢力として、第一に挙げられるのは現体制派です。中国のほとんどの官庁エコノミストがこの派に属します。二〇一三年の十八期三中全会で採択された「全面的な改革深化のための若干の重大な問題に関する決定」に彼らのめざす方向が反映されています。

所有制の面では、公有制（とくに国有企業）の主体的な地位を堅持しつつ、非公有制（私営企業など）の活力と創造力を引き出すとしています。市場のあり方については、資源配分において市場に決定的な役割を果たさせ、企業の公平な競争と消費者の自由な選択に基づく現代的市場体系を構築することをめざしています。市場の役割を「基礎的」なものから「決定的」なものにするという表現上の変化はありましたが、国有企業と私営企業とが並存する状況の下で全面的に市場調整にゆだねるという、これまでの中国型市場経済システムのあり方を基本的に受け継いでいます。

よく知られているように、社会主義の計画経済の時代には国有企業は政府によって行政的・直接的に管理されていました（「国有・国営」）。改革開放に転じて以降、それまでの

「国有・国営企業」から「国有企業」に変わります。「国有企業」になると、企業に経営の自主権が与えられ、独立採算制に移行します。さらに現在では、国有企業の多くは所有と経営が分離された国家持ち株企業へと変化を遂げてきました。

中国企業研究院院長の李錦は現体制派の一人です。李錦によると、国有企業は国有資産の維持と増加に貢献する役割を担っています。市場経済化は国有企業体制の下でも可能であり、したがって国有企業を私有化する必要はないと断言しています。

また朱安東（清華大学）は、国有企業を私有化せよという民主派・市場派の主張には大がかりな政治的落とし穴がしかけられていると警鐘を鳴らします。もし中国から国有企業が全て退場すれば、その後には国際的な独占資本が中国の産業を支配することになり、中国の経済的な安全保障がおびやかされることになるというのです（徐旭紅『国資之弁――関於私有化、壟断与市場化之争』當代中国出版社、二〇一三年）。

†自由な市場経済を信奉する市場派

第二の勢力は市場派あるいは民主派に属する人たちです。この派は、国有企業を私有化し、全面的な市場経済へ移行することを求めています。

国務院発展研究センターの呉敬璉は、その代表格です。呉は社会主義の計画経済の時代には社会科学院経済研究所の研究員として、中国の論壇をリードしてきました。改革開放後の一九八〇年代から九〇年代にかけて米国や英国での客員研究員としての見聞を経て、呉は近年、完全に自由な市場経済への信奉を露わにするようになってきています。呉敬璉によると、中国の現在の制度には、①市場が完全には形成されていない、②土地所有権などの財産所有権が法律によって保護されていない、③企業間の競争がない、の三つの主要な欠陥があるといいます。

今から三〇年ほど前の一九八六～八七年、当時の首相の趙紫陽や副首相の田紀雲の意向を受け、中国の改革の進め方をめぐる諮問が主だった経済学者に対してなされたことがあります。

北京大学の厲以寧は、株式制の導入による企業の所有制の改革を先行させる案を提出しています。それに対して、呉敬璉は価格改革を先行させて、市場メカニズムを働かせる案を対置しました。社会科学院の劉国光は両者を併せて、所有制改革と価格改革を並行して進める案を示しています。

この段階では、呉敬璉は現在のように私有化や全面的な市場化を主張していたのではありません。呉敬璉が市場派へと大きく傾斜していったのは、新古典派の泰斗であるミルトン・フリードマンに会ってからです。

その時、フリードマンは一九八八年に訪中し、党総書記に昇格していた趙紫陽と会談しています。フリードマンは趙紫陽に対し、「市場を利用するだけでは不十分である。また私有化だけでも不十分である。真に必要なのは私有制下の自由な市場である」と話したそうです。経済政策の中心を通貨供給量の調節に置くマネタリズムを唱え、政府の役割は小さいほどいいという、フリードマンらしい主張です。

呉敬璉はフリードマンが中国滞在中に出席した多くの会議に参加し、かのフリードマン的見解に強く感化されたと述懐しています。呉敬璉自身も、「市場が力を与え、競争が繁栄をもたらす」と語っています（亜布力中国企業家論壇編著『改革：中国関鍵十年』北京時代華文書局、二〇一三年）。

呉はそのような観点に立って、現行の中国の「社会主義市場経済」は党や政府の権力と国有企業とが結びついた「権貴資本主義」であると批判しています。「権貴」とは、旧時、権勢のある身分の高い人のことを指して言ったことばです。現在の体制に対する峻烈な批判、および私有制と自由な市場経済に対する呉の手放しの信奉ぶりは、呉の計画経済時代からの論評を知っている者にはかえって痛々しささえ感じられるほどです。

張維迎は北京大学のビジネススクール、光華管理学院の教授で、オクスフォード大で経済学博士の学位を取得しています。張は中堅の共産党員なのですが、国有企業の民営化を強く求めています。

張維迎によると、国有企業は、一部の特権層が不公平な競争環境の下で独占的な利潤を私物化するための道具になり下がっているといいます。したがって、国有企業の支配権を有能な経営陣が握るのは「赤字の国有企業を黒字に転換するものだ」として、張は民営化の動きを肯定的にとらえています。

張維迎はまた、北京大学国家発展研究院教授の林毅夫と三回にわたる論争をしています。第一回目（一九九五年）は国有企業改革の進め方について、第二回目（二〇〇四年）は経済成長予測について、第三回目（二〇一六年）は産業政策の有効性についてです。

論争相手の林毅夫は台湾生まれです。台湾大学を中退し、士官として軍務に就いていましたが、一九七九年、二六歳の時にひそかに大陸に渡ります。その後、北京大学で修士学位、シカゴ大学で博士学位を得ました。二〇〇二年には台湾の軍事法廷は林に対して「投降罪」の判決を下しています。林はアメリカ帰りですが、中国の現体制派に近い立場のエコノミストといえます。林の見解は、産業政策には一定の有効性があるというものです。

それに対し、張維迎は産業政策の意義を全く認めていません。なぜなら、特定の産業に対する優遇措置は公正な市場競争を妨げ、汚職やレント・シーキングのような歪んだ行動をもたらすことになるからだと述べています（http://www.chinanews.com/cj/2016/11-15/8062957.shtml）。

また、香港大学教授の張五常は中国の中南財経政法大学の教授も兼任していますが、歯に衣着せぬ中国政府への批判で知られています。フリードマンの数回にわたる訪中に同行し、要人との会談にも同席しています。張五常は、多くの国有企業は非効率的な経営のために、いずれ淘汰されてしまうのだから、早くに民営化して企業家に任せたほうがよいと主張しています。

張五常のような市場派の中には、〝国有企業＝アイスキャンディー論〟を展開する者もいます。その意味するところは、「国有資産は日向にさらされているアイスキャンディーと同じで、食べないでいればどうせ溶けてしまう」のだから、早く民営化してしまえというものです。

一九九〇年代初めから自由主義的な立場を鮮明にしている秦暁や李沢厚らの人たちは、

市場経済と民主政治とを一体のものとみなしています。

秦暁は全国政治協商会議の委員ですが、中国国際信託投資公司（CITIC）の総経理（社長）や中信実業銀行の董事長（会長）を経て、二〇〇一〜二〇一〇年に香港の中国交通部系の大手企業、招商局グループの董事長にもなった実業畑の人です。

李沢厚は社会科学院哲学研究所の研究員として、一九八〇年代の思想・文化界をリードしてきました。一九八九年の天安門事件以降、政府批判の姿勢を強めています。

これら民主派の人たちは国有企業を融資面などで優遇する「国進民退」の現状を打破し、市場経済・民主政治・法治社会を三本柱とする「法治の市場経済」を建設しなければならないと説いています（馬国川編『中国在歴史的転折点：当代十賢訪談録』中信出版社、二〇一三年）。

†趙紫陽と宇沢弘文

話が少し横道にそれますが、前出の趙紫陽は「計画的商品経済論」（一九八四年）や「社会主義の初級段階論」（一九八七年）を提起した改革派の指導者です。一九八九年の天安門事件で趙は失脚します。六月四日の武力鎮圧の二週間ほど前には、趙は天安門広場まで出かけていき、危機が迫っているから退去するようにと、ハンドマイクで学生たちに涙ながらに呼びかけていました。一国のトップ指導者がそこまでやるかと驚嘆したものです。

趙が当時、ブルジョア趣味のスポーツとみなされていたゴルフをたしなんだことも保守派から叩《たた》かれる材料の一つとなりました。そういう趙の脇の甘さは、市場至上主義者のフリードマンの影響を強く受け、条件が整わないうちに大胆な価格改革に着手して、一九八八年にインフレ・パニックをまねいたところにも現れています。

趙紫陽は失脚後の監禁生活の中でひそかに談話を残し、彼の死後にそれが香港で出版されました（バオ・プーほか／河野純治訳『趙紫陽　極秘回想録』光文社、二〇一〇年）。その中で、趙は西側の議会制民主主義こそが最も妥当な政治体制であると語っていますが、同じ議会制民主主義の下でもアメリカのような格差の大きい資本主義もあれば、北欧のような社会民主主義もあることには思い至っていません。

趙は経済学者の宇沢弘文とも接点がありました。宇沢は早くも一九七六年に西安郊外の農村を訪れるなど、中国経済への関心を強めていました（宇沢弘文ほか『中国経済　あすへの課題』東洋経済新報社、一九八四年）。

一九八〇年代の初めには、宇沢たち日本の経済学者は中国政府の依頼により瀋陽近郊の農村調査をしました。それに基づき、「資本主義的搾取には市場的限界があるが、社会主義的搾取には限界がない」という趣旨の報告書を提出しています。その内容が中国の社会主義的な農村政策を批判する内容を含んでいるということで、宇沢たちは北京に呼びもどされ、党幹部たちの前で査問されたそうです。宇沢の手記によると、「宇沢教授の見解には一理ある」と助け舟を出してくれたのが末席にいた趙紫陽でした（『朝日新聞』二〇一〇年五月一四日夕刊）。

趙がフリードマンの市場至上主義ではなく、せめて宇沢の「社会的共通資本」の理論に感化されていたらと思わないではありません。故人となりましたが、宇沢は新古典派の市場至上主義に対する批判的立場を貫徹していました。自然環境の保護、インフラストラクチャーの整備、教育や社会保障の充実などの「社会的共通資本」の管理には政府が重要な役割を果たさなければならないと論じています。

実は、筆者は趙紫陽の人柄の一端に触れたことがあります。アジア経済研究所から北京の日本大使館に出向していたころです。通産大臣一行に随行して中南海に入り、当時の首相、趙紫陽との会見の場に同席しました。われわれ一行が辞するさい、趙は一人ひとりと握手し、最後尾の筆者には肩までたたいて、ねぎらってくれました。一九八六年三月の全人代における趙の政府活動報告を人民大会堂の二階席から傍聴する機会もありました。長々とした報告を力強い声で実直に読み上げていたのが印象に残っています。

†国有企業の民営化に反対する新左派

中国を指導する第三の勢力は〝新左派〟と称される人たちです。中国の新左派は国有企業の民営化や市場経済化の推進に対して異を唱え、国有企業の増強によって国威の発揚を図ろうとする立場に立っています。中国の新左派は民族主義・国粋主義的な傾向が強いという点で、国際的な新左翼の思想とは異なるものです。

朗咸平は台湾出身です。台湾大学で修士、米ペンシルバニア大学で博士の学位を得たのち、ニューヨーク大学などで教えていました。一九九四年に香港に移住してきて、香港中文大学の教授に就いています。その間、世界銀行やアジア開発銀行の顧問に任じられたこともあります。中国国内の大学でも教鞭をとっています。

朗は、国有企業の民営化を推進する「国退民進」政策に対して厳しい批判を浴びせます。例えば、中国屈指の家電企業ハイアールは、もともとは一九五四年に創設された集団所有制の青島電気冷蔵庫工場です。この赤字企業の経営を立て直すために青島市政府から送り込まれたのが市職員（青島市家電工業公司の副経理）の張瑞敏でした。一九八四年にハイアールとして立ち上げた時には従業員は八〇〇人ほどでしたが、企業集団総裁の張瑞敏のリーダーシップの下に技術導入や品質管理などの経営改革を経て飛躍的な発展を遂げてきました。

今ではハイアールの洗濯機や冷蔵庫の市場シェアは世界トップです。二〇一六年の従業員の数も国内国外を合わせて七・三万人になります。

張瑞敏は企業成績を伸ばすのと並行して、企業所有権の改革にも着手してきました。一九九七年から二〇〇四年にかけて、ハイアールの経営陣と従業員が出資して、持ち株会社「ハイアール投資公司」を設立しました。二〇〇四年までにハイアール投資公司は香港証券市場での株式購入を通じて、ハイアール電器集団全体の筆頭株主となります。これにより、ハイアールの経営陣は所有面でも経営面でもハイアールの支配権を獲得したのです。

国務院発展研究センターなどの国家機関の企業調査では、ハイアールは国有企業に分類されています（陳小洪編・国務院発展研究センター企業研究センター報告『企業改革和発展研究』中国財政経済出版社、二〇〇七年）。それに対し、張瑞敏らのハイアール経営陣は自社はもともと集団所有制企業から発したもので、国有企業ではないと主張しています。

朗咸平によると、ハイアールのような所有権改革は「国有資産をＭＢＯ（経営者による自社株買い取り）などの形で安く手に入れ、私有財産化するもので、ロシアにおける私有化の手口と同じものである」ということになります。

朗咸平は「我が家が汚くて乱雑なので、お手伝いさんを雇って家の掃除と片づけをしてもらった。お手伝いさんはとてもよく仕事をしてくれたが、何がどこにあるのか、お手伝いさんにしかわからなくなってしまい、いつの間にか我が家はお手伝いさんのものになっていた」という〝企業家＝お手伝いさん論〟を用いて、国有企業の民営化が意味するところをわかりやすく解き明かしました。国有企業の民営化は「国有資産を食い散らかす宴会」、あるいは「コックが大釜の飯を自分たちで分けてしまう」ようなものだとして、朗は国有企業の民営化に反対しています（呉暁波『激蕩三十年――中国企業一九七八〜二〇〇八（下）』中信出版社、二〇〇八年）。

新左派の論客として、他に中国社会科学院経済研究所の左大培や中国青少年研究中心の王小東らの名も挙げることができます。左大培ら一〇人は連名で朗咸平の見解を支持する声明を出したこともあります。新左派は市場経済化や民営化が社会福祉制度の解体や国有資産の流失をまねいたと主張し、市場に対する政府の関与を強め、社会的平等を実現するよう要求しています。

経済分野における論争と政治的立場とは必ずしも照応してはいませんが、政治思想としてみれば、二〇一三年に失脚した薄煕来・元重慶市党委書記が在職中に展開した「紅色文化」建設や汚職撲滅のキャンペーンも新左派的な行動の一つといえるでしょう。

新左派に対して批判的な学者・知識人は、新左派の政治手法は社会的平等を求めるポピュリズムと民族主義・国家主義とを結びつけたナチズムにも通じる危険なものだとして、警戒感を強めています。

3　改革方針をめぐる分岐

†富強と効率と公正のトリレンマと三つの派

ところで、経済学に「国際金融のトリレンマ」という理論があります。すなわち、ある国がマクロ経済の運営において、①自由な国際金融取引、②為替相場の安定、③金融政策の独立性、の三つを同時に達成することはできないという説です。たとえば、国際競争力

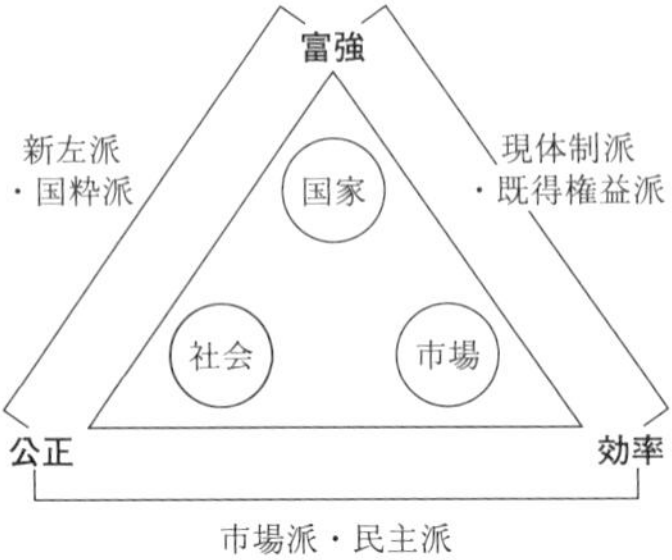

図 2-1　富強と効率と公正のトリレンマ
（出所）筆者作成。

が弱く、外貨準備も乏しい途上国が①を実施すれば、②と③が危うくなります。このことは一九九七年のアジア金融危機でも証明されています（拙著『知と実践の平和論――国際政治経済学と地域研究』明石書店、二〇〇七年）。

この「トリレンマ」理論の観点に立って、前述した三つの派の関係を整理すると、図2‐1のようになります。現体制派・既得権益派は国有企業の中心的役割と市場経済の効率性とを両立させる折衷的な方針を維持しようとしています。それに対して、市場派・民主派は私有化と自由な市場経済を形成することにより、特権階層の既得権益が排除され、民主的で自由な社会が実現されると主張しています。これらの両説に対して、新左派・国粋派は国家富強のために国有企業のさらなる強化・拡大をめざしており、同時に政府による所得の再分配や社会保障の整備を通じて社会的不平等を是正していくよう求めています。

かつて資本主義と社会主義が競合していた時代には、アーサー・オーカンが論じたように「効率と平等」のディレンマが経済学の理論的課題となったことがありました。つまり、資本主義の効率を優先するか、社会主義の平等を優先するかの議論です。

現在の中国の場合は、国家の富強、市場の効率、社会の公正・平等という三つの原理がそれぞれの立場から唱えられています。それら三つの原理は同時に三つとも達成することはむずかしいトリレンマの関係にあります。どの原理を優先するかをめぐって、三つの派の間で綱引きがあります。中国の制度改革が現状を積極的に変革しようという動力に欠け、逡巡するゆえんです。

†中国における「民主社会主義」の地位

二〇一八年五月に中国でマルクス生誕二〇〇周年の記念式典が大々的にもよおされました。

それを記念した論文の一つに、社会科学院マルクス主義研究学部主任の程恩富のものがあります。この論文によると、インドが中国より経済発展が遅れているのは、インドはブルジョアジーによる「民主社会主義」の道を歩んでいるからだというのです(『参考消息』二〇一八年五月八日)。共産党の実質的な一党独裁体制の下で、「中国的特色をもつ社会主義」を推進する現体制を正当化しようとした論文ともいえます。

同じく、李菱も現体制を擁護して、「科学的社会主義」やマルクス主義の立場から「民主社会主義」を批判しています（『如何看待中国当代社会思潮及影響』人民出版社、二〇一八年）。李菱は『紅旗文稿』雑誌社の元社長で、現在は社会科学院世界社会主義研究センター副主任です。

実は、中国では「民主社会主義」の道は現体制派から否定されているばかりではなく、それと対抗する民主派からも新左派からも支持されていません。中国の現在の民主派は自由な市場経済と私有化を手放しで信奉しており、市場経済がもつ弱肉強食の側面や格差を拡大する傾向に対する批判的な目をもっていません。

清華大学経済管理学院院長の銭穎一は、ハーバード大学で博士学位を得ています。若かりし頃、前出の呉敬璉や「反均衡の経済学」を提示したハンガリーのコルナイの理論に感銘を受けて、数学の研究から経済学に転じた経歴の持ち主です。スタンフォード大学で教鞭をとっていたころには、「比較制度分析」で知られる青木昌彦とも親交がありました。

銭穎一は市場経済を樹立しさえすればよいというわけではなく、市場経済には「よい市場経済」と「わるい市場経済」があると言います。銭によると、「よい市場経済」の要件とは「法治」であり、「財産権の確定と保護」、「契約の履行」、「市場に対する適切なコントロール」の三つによって保障されるものです（『現代経済学与中国経済』中信出版集団、二〇一七年）。

一見すると、銭は市場経済に対する批判的観点を持っているように見えますが、「よい市場経済」の効能に全幅の信頼を置いている点で、呉敬璉の立場と変わりありません。いまだ民主派の中に市場至上主義者と民主社会主義者との分岐がみられないところに、中国の現在の民主派の不幸があります。そこに、中国の改革をめぐる論争の限界があるのではないでしょうか。

†ある研究者の悲劇

だいぶ時代が遡《さかのぼ》りますが、中国の一九六〇年代に早くも「市場経済と民主社会主義の探求」という論考を書き、シュンペーターの『資本主義・社会主義・民主主義』を中国語に翻訳していた人物がいました。中国科学院（現在の社会科学院の前身）の経済研究所研究員の顧准（一九一五〜七四）です。

顧准は生前、「民主社会主義は私の理想だが、それは高度に発展した経済を前提としたもので、それを実現するには二〇〜三〇年はかかるだろう」と述べていました（『顧准自述』中国青年出版社、二〇〇二年)。

顧准は一九一五年に上海で生まれます。家貧しくして、一二歳の時に職業専門学校の中退を余儀なくされています。その才を惜しむ恩師の紹介により、上海立信会計事務所に見習いとして勤めることになりました。中国の会計学の父と称される潘序倫が開いた中国最初の会計事務所です。

ここで顧准はすぐに才能を見出され、一六歳にして年長の学生たちを相手に会計学を講じるまでになります。一九歳の時には『銀行会計』という教材も著しています。給与も小学校の教師が月二四元の時代に三〇〇元をもらうまでになっていました。

このように恵まれた環境にありながら、顧准は一九三五年二〇歳のときに、抗日愛国の思い黙《もだ》しがたく中国共産党に加入しています。革命勝利後の一九四九年には上海市財政局兼税務局局長の任に就きました。当時、上海は中央財政収入の三分の二をまかなっていましたが、顧准の手腕によるところ大であったといわれています(http://www.sohu.com/a/209360679_167604)。

ところが、その精励恪勤《せいれいかっきん》と辣腕《らつわん》ぶりがかえって災いし、上級の幹部の不興を買ってしまいます。官僚や資本家を批判する三反五反運動の槍玉にあがり、顧准は一九五二年に党や行政の一切の職務から外されました。一九五六年になってようやく経済研究所に配属され、平の研究員として勤め始めます。

顧准は研究者としても直ちにその才覚を発揮し、翌年3月には研究所の機関誌『経済研究』に「社会主義制度下の商品生産と価値法則についての試論」を発表しました。社会主義における商品―貨幣関係の必要性と価格による市場調節機能を肯定的に認めたもので、その時代のスターリン主義的な経済学と立場を異にするものでした（張曙光論文『炎黄春秋』二〇一五年七期）。

ところが、この論文が仇《あだ》となり、当時の反右派闘争のさなか、顧准は右派のレッテルを貼られ、一九五八年には党籍を剝奪《はくだつ》されます。それからの二年間、労働改造で農村に送られます。

顧准が下放《かほう》された河南省東南部の信陽地区はのちに「信陽事件」と称されるほど、大躍進後に惨憺《さんたん》たる結果をまねいたところでした。信陽地区では、一九五九〜六〇年に地区人口八〇九万人のうち、一〇〇万人を超える餓死者を出しています。その主たる原因は、河南省党委第一書記の呉芝圃や信陽地区党委書記の路憲文の指導の下に、実態からかけ離れた過大な食糧生産目標を掲げ、それに基づいて農民から強引に食糧を徴発したことにあります。

その地区の商城県で顧准は農村の飢餓の悲惨な状況を目の当たりにしています。当時の彼の日記には、妻、父親、兄、子ども二人が相ついで亡くなった一家の話や、餓えている人がいる一方で、腹いっぱい食べている農村幹部のことも書かれています。

一九六〇年に顧准は北京に帰り、研究員の職に復しました。一九六二年には先輩格の孫冶方が経済研究所内に立ち上げた研究会にも参加しています。

孫冶方は一九二四年、一六歳で入党し、モスクワ中山大学を卒業した古参党員です。一九五六年には国家統計局副局長として、国家統計局のソ連視察団団長も務めています。一九六四年には経済研究所所長に任じられました。

孫は一九五〇年代から計画経済の効率的運営について研究しており、一九六〇年代の前半に社会主義における利潤指標や生産価格の採用を主張した実務派の官庁エコノミストです。当時、利潤指標の採用を提案したソ連の学者の名にちなんで、「中国のリーベルマン」と左派から侮蔑されたこともあります。文革期には、孫は七年間にわたって北京市郊外の秦城監獄に入れられています。毛沢東夫人の江青や前出の薄熙来など、高級幹部を収監することで知られる刑務所です。

孫冶方が「修正主義者」として批判にさらされるようになると、顧准も再び右派として処遇されることになりました。孫冶方と顧准は、大躍進政策を批判して失脚した張聞天らと並んで、当時の経済研究所の「硬骨漢」であったと、のちに評されています。

一九六六年からの文化大革命の嵐の中で、顧准のみならず妻や五人の子らまでもが迫害を受けます。妻の汪璧は財政部副司長の任にありました。迫害から逃れるため、家族は顧准との絶縁を申し立てています。しかし結局、妻は絶望と憔悴の末に一九六八年に自ら命を断ちました。五年後、顧准も五九歳でその生涯を閉じています。死に臨んで、顧准の唯一の願いは子どもたちとの再会でしたが、それすらもかないませんでした。

呉敬璉は顧准より一〇歳年下です。二人は共に冷や飯を食わされていた時代に親交がありました。呉はまた、釈放されたものの病臥する孫冶方から「社会主義経済論」の口述筆記をした七人グループの一人でもありました。

その呉敬璉が今や民主社会主義ではなく、新古典派的な市場至上主義を信奉するようになったのは歴史の皮肉とはいえないでしょうか。

4　国有企業の地位と役割

†中央レベルと地方レベルの国有企業

中国の国有資産の全体を管理主体や管理のしかたの違いによって分類すると、以下の四つに分けられます。

一つは、政府機関や行政事業体（特殊法人）に属する資産です。二つめは、国防・安全保障関係の資産です。三つめは、営利性の国有資産で、国有企業がこれに該当します。四つめは、自然資源資産です。

図2－2に示したように、営利性の国有資産は国資委（国有資産監督管理委員会）系列の国有企業と財政部系列の国有企業とに分けられます。国有企業改革の対象となっているのは、主として国資委系列の中央企業と地方国有企業です。財政部所属の銀行などの金融機関や文化メディア企業などは国資委の管轄下にはありません。

本章の第2節で述べたように、中国の制度改革をめぐる論争の中心をなしているのが国

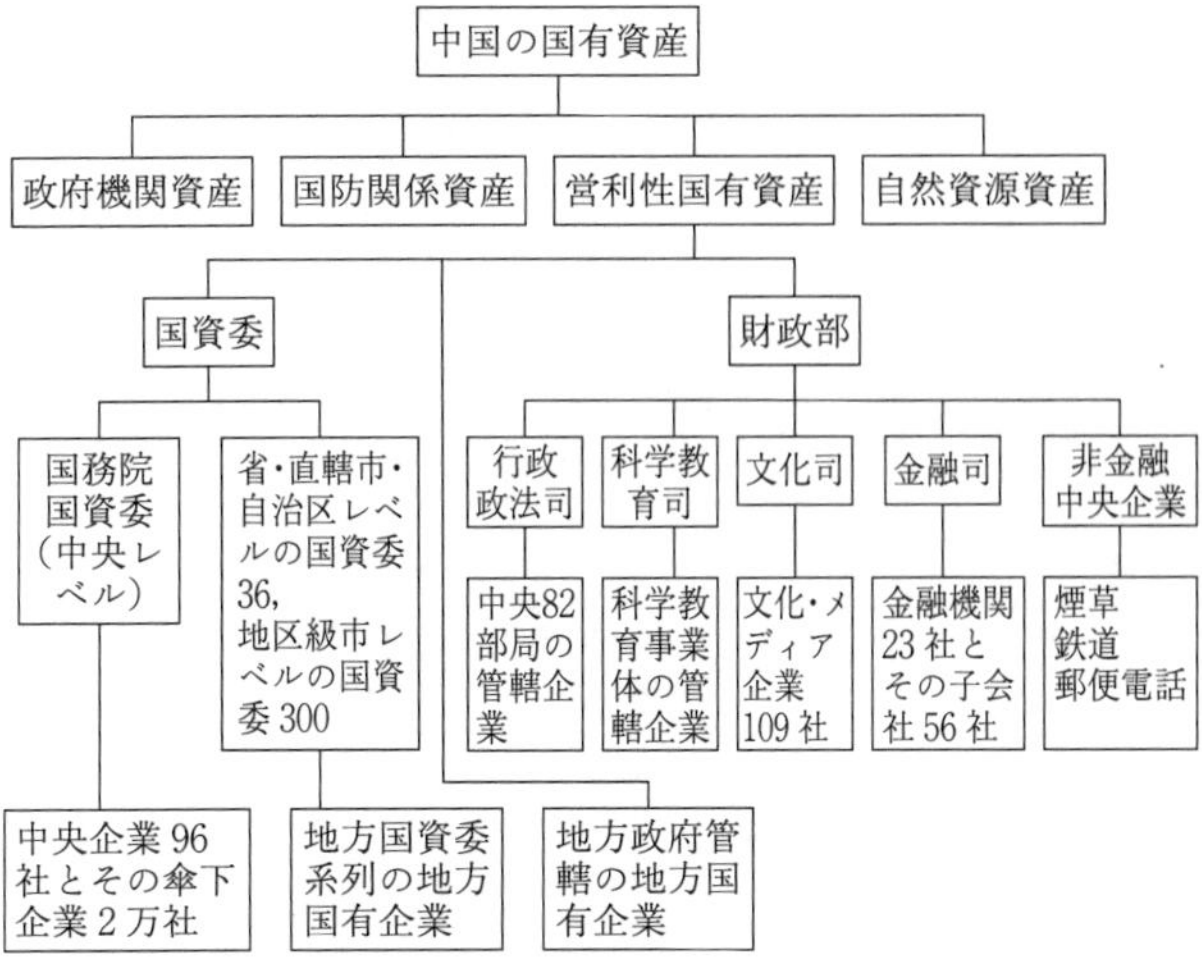

図2-2　国有資産と国有企業との関係

（注）①数値は2017年のもの。
②省・直轄市・自治区レベルの国資委には、新疆生産建設兵団、計画単列都市の国資委も含まれる。
（出所）劉紀鵬・主編『中国改革的真実経験』東方出版社、2019年に一部追加。

有企業のあつかいです。

以下では、中国経済全体に占める国有企業の地位と役割をみておきます。中央企業と地方企業に関する整合的な数値が比較的そろっているので、二〇一一年のデータを用います。

二〇一一年の国有企業数は全体で一四万四七一五社になります。中国全体の企業数は約五〇〇万社を数えますから、国有企業の数は全体の三％ほどにすぎません。表2－3からわかるように、そのうち中央レベルの国有企業は三割に留まり、残りの

	企業数（社）［%］	年末従業員数（万人）［%］	年末国有資産総額（億元）［%］
国有企業全体[a]	144,715［100%］	3,908.0［100%］	219,904.5［100%］
中央国有	44,232［30.6%］	1,834.4［46.9%］	102,244.7［46.5%］
中央政府 79 部局の直轄企業	11,195	569.2	24,142.5
中央企業 117 社[b]（1〜3 級の傘下企業を含む）	33,037	1,265.2	78,102.2
地方国有	100,483［69.4%］	2,073.7［53.1%］	117,659.8［53.5%］
地方政府部局所属の地方国有企業	42,607		
地方国資委支配下の地方国有企業	57,876		

表 2-3　国有企業の中央・地方構成（2011 年）

（注）a. 郵政貯蓄銀行を含む。
　　b. 中央企業はその後の合併等を経て、2017 年には 96 社。これらの中央企業の中には財政部直轄の銀行等の金融機関 23 社は含まれていない。
（出所）喬衛兵総編『中国国有資産監督管理年鑑』中国経済出版社、2012 年。

七割は地方レベルの国有企業です。

中央レベルの国有企業とは、中央政府の国資委が株式支配権を握っている企業と中央政府の各部局が直轄している企業を指しています。それに対し、地方レベルの国有企業とは省・直轄市・自治区から市や県レベルまでの地方政府直属企業や地方政府傘下の国資委が株式支配している企業を指します。

二〇一一年末のデータによると、国有企業全体の年間売上高は三九・二兆元、上納税額は三・五兆元、税引き後の利潤は一・九兆元となります。そのうち、国資委が株式所有を通じて支配している中央企業は子会社・孫会社を含めると、三・三万社になります。それらの中央企業は国有企業全体の売上高の五二%、税引き後の利潤の四七%、上納税額の四九%を占めており、巨大な力を持っていることがわかります。国有企業で働く経営陣と従業員(職員・労働者)の合計数は三九〇八万人で、都市部の就業人口の約一一%を占めています。

†中央企業が担う基幹産業

前掲の数値から、国有企業は中国経済全体の中ではかなり大きな地位を占めていることがわかります。さらに特徴的なことは、国民経済の基幹産業に国有資本が重点的に配置されているという点です。

財産権登記をした中央企業集団一一三社についてみると、国有資本合計二兆四〇七五億元のうち、親会社レベルでは石油石化産業が二六%、電力産業が二〇%、通信業が二五%を占めています。つまり、中央企業レベルの国有資本の七〇%は石油石化、電力、通信の三産業に集中していることになります。

中央企業は国策の遂行や国家安全保障にかかわる事業をビジネスとして発展させる役割

も担っています。中央企業が展開する産業分野は石油・石油化学、電力、通信のほかに兵器、宇宙ロケット、飛行機、自動車、建設機械、鉄鋼、電子工業、海運、航空、商社、石炭、化学工業、金属・鉱産物、建設、鉄道車両・鉄道工事、農林業、軽工業（紡績、工芸、塩）、医薬品、科学技術、観光など多岐にわたっています。

二〇一三年に、中国は無人探査機「常娥三号」の月面着陸に成功しました。さらに二〇一九年一月、「常娥四号」を世界で初めて月の裏側の南極付近に着陸させました。これらは、中国航天科技集団公司や中国航天科工集団公司が宇宙ロケット打ち上げビジネスやロケット開発で積み上げてきた長年の実績に裏づけられたものです。

中国核工業集団公司は、秦山一期・二期、海南昌江、福清などの原発の建設と運転を行い、パキスタンへの原発輸出と建設も請負っている中央企業です。中国核工業建設集団公司も核開発や原発建設工事に従事していましたが、二〇一七年に核工業集団公司に吸収されました。

中国兵器工業集団公司は武器等の製造・販売により、二〇一七年に売上高六四六億ドル、利潤八億ドルを達成し、世界五百強企業の第一三五位にランクされています。

中央企業と国資委とはもちつもたれつの関係にあります。後述するように、一方の国資委は国有企業の株式を保有する役割を担うことにより、官僚機構としての自らの存在意義を見出すことができました。他方の中央企業は中央企業で、国資委を筆頭株主として頂くことにより、国有企業として存続することの正当性を得たのです。

中央企業の従業員は全部で一二三九・六万人を数えますが、年平均賃金は六・九万元になります（二〇一一年）。『中国統計年鑑』によると、同年の平均賃金は国有企業四・三万元、都市集団所有制企業二・九万元、私営企業やその他の企業四・一万元ですから、中央企業の従業員の賃金はかなり高いことがわかります。中央企業の高級管理職になると、年平均給与は二〇〇九年六〇万元、二〇一〇年三四万元であり、だいたい従業員の平均賃金の一二〜一三倍になります。

蔣潔敏は二〇〇六年から二〇一三年にかけて、中央企業のＣＮＰＣ（中国石油天然ガス集団公司）の総経理と董事長を歴任してきた石油業界の大物です。蔣は二〇一三年三月に国資委主任に就任しましたが、その月のうちに突如、任を解かれました。同じＣＮＰＣ出身で、中共中央政法委員会書記および政治局常務委員の職にあった周永康の逮捕に連座させられたとみられています。二〇一二年の政治局常務委会議で、薄熙来の罷免に反対したからだともいわれます。

国有企業と国資委とのつながりは中央レベルでも地方レベルでも経営陣や官僚の利権がからんでおり、不透明なところがあります。

5 国有企業改革の方針転換――「国進民退」へ

†新国有企業の台頭

計画経済の時代には国有企業は中国経済の花形でした。国有企業への就職は「鉄の飯茶碗」(寄らば大樹の蔭)として人気がありました。

一九七〇年代末から改革開放政策が始まると、国有企業に対する評価が一変します。非効率的な経営の下で赤字を出していると非難され、国家財政のお荷物的存在とみなされるようになりました。一部の国策会社的な巨大企業を除いて、多くの国有企業は民営化の方向で改革を迫られていました(「国退民進」)。

ところが、二〇〇四年頃から風向きが変わり、国有企業を優遇し、温存してゆく方向が強まってきました(「国進民退」)。この流れは、二〇一五年の国務院「国有企業改革の深化に関する指導意見」や二〇一七年の党一九全大会でも確認されています。

なぜこのような方針転換が起こったのでしょうか。その背景には、次の三つの事情があります。

第一の理由は、新国有企業が台頭してきたからです。旧来の国有企業の多くは赤字経営で、財政からの補助金に頼っていました。それに対し、新国有企業は改革開放後の市場競争の中で勝ち残っていった企業です。国内・国外の企業との市場競争にさらされることによって、国有企業にも進取の気象に富んだ企業家が登場し、経営体質が強化されてきたのです。

たとえば、中糧集団は中国最大の食糧・食用油・砂糖・綿花の加工・販売に携わる農産物系の商社です。もともとは一九四九年に設立された国営の糧油食品貿易公司の流れをくむ企業でしたが、改革開放後は経営の多角化を進め、農産物・食品の加工・販売のほかにもショッピング・モール、リゾート区、ホテル、不動産、金融・保険業なども手がけています。

中糧は二〇〇九年から同社製品のブランド化を推進しており、すでに福臨門食用油、長城ワイン、金帝チョコレート、香雪小麦粉、五穀道場インスタントラーメン、屯河トマト製品、悦活ジュース、家佳康肉製品、万威客肉製品、雪蓮カシミア、中茶茶葉などの多くのブランド商品を有しています。中糧集団はその傘下に、中国食品、中糧持ち株、蒙牛乳業、中糧包装、大悦城地産、中糧肉食、福田実業、雅士利国際、現代牧業（以上の九社は香港上場）、中糧糖業（上海上場）、酒鬼酒、中糧地産、中糧生物化学（以上の三社は深圳上場）からなる一三の上場会社を擁しています。中糧がここまでになるには、厳しい経営改革の試練がありました。

一九九二年から二〇〇四年まで中糧の董事長の任にあったのは周明臣です。周はアメリカの大手コンサルタント会社マッケンジー社に委託して、徹底的な改組・リストラを進めました。一九九八年には政策的業務以外の資産を香港の上場会社に移しますが、それと同時に、「国有企業の恐竜病」対策と称して大リストラに着手しています。それまであった四三の子会社のうち、六社を残して他の子会社を切り捨てました。当時、社員もそれまでの一二万人から一万人にまで減らされています。

二〇〇五年から中糧の董事長は寧高寧に代わりました。寧は香港の中国系企業、華潤グループから移籍してきました。華潤はよく知られているように、元の対外経済貿易部という官庁の香港代表機構です。今では、貿易・不動産・製造業・海運・陸運・金融・小売・

ホテルまで手広く投資するコングロマリットになっています。

二〇〇六年に国資委は中糧集団が中谷糧油を吸収合併することを認可しました。中谷糧油は一九九四年設立の農産物系の国有大型商社で、一九九七年には大型企業集団の実験企業一二〇社の一つに入っています。中糧はこの合併により中国最大の国有食品商社になりました。寧はこれについて、「国務院と国資委の協力と支持のおかげである」と謝辞を述べています。

この例からもわかるように、二一世紀に入って中国政府は国有企業の民営化を推進する政策を転換して、有望な国有企業を強化していく方向にカジを切り直したといえます。

ちなみに、中糧集団は寧の着任後の二〇〇九年、私営企業の蒙牛の筆頭株主となっています。折しも、蒙牛は粉ミルクのメラミン混入問題で経営危機に陥っていました（第3章参照）。中糧は乳業界への進出をねらって、蒙牛に対して香港証券市場でTOB（株式の公開買い付け）をしかけたのです。一株一七・六HKドル（一HKドル＝一五円）の価格で、六一億HKドルを費しています。

二〇一一年には蒙牛の董事長は中糧集団董事長の寧高寧に代わりました。国有企業が私営企業を吸収したのです。今や蒙牛の〝新養道〟牛乳も中糧ブランドの一つになっていま

す（謝鵬『乳業内幕――中国奶業的江湖』浙江人民出版社、二〇一二年）。

†生き残りを図る国資委と経済安全保障

国有企業を優遇し、温存していく方針に転換した第二の理由は、国資委が行政機構として自らの組織の生き残る道を見つけ出したことと関係しています。

中国の行政改革の歴史をさかのぼってみますと、二〇〇三年の第十期全人代で国家経済貿易委員会、中央企業工作委員会、財政部、労働部の一部が国資委に改組されています。同様に対外経済貿易部と国家経済貿易委員会の一部が改組されて商務部になっています。国有企業の民営化を推進していた当時の方針からすると、国資委はその果たす役割も官庁組織としての将来も先細り傾向にありました。

ところが、同年に初代の国資委主任・李栄融がシンガポールを視察したことにより、国資委にとって転機が訪れます。李栄融はシンガポール視察によって、「国資委にとっての多大な示唆を受けた」と吐露《とろ》しています。とくにシンガポールの国有企業、テマセク・ホールディングスへの訪問から李栄融が受けた影響は大きいものでした。

テマセクはシンガポール財務省が一〇〇％の株式を保有する持ち株会社で、CEOのホー・チンはリー・シェンロン首相（当時）の夫人でもあります。テマセクが筆頭株主となっている主な投資先には、DBS銀行、シンガポール航空、シングテル（電信電話）、SMRT（地下鉄）、ネプチューン・オリエント・ラインズ（海運）、シンガポール電力、メディアコープ、ストレート・タイムズ（新聞）、シンガポール動物園などがあります。

テマセク・ホールディングスを視察し終えた李栄融は、「国有企業の弱点は所有権のあり方とは関係がない。現代的なコーポレート・ガバナンスがあるかどうかがカギである」と述べています。李栄融はさらに二〇〇五年の記者会見において、「石油、電信、電力などの産業内ではすでに競争関係があり、一社による独占などは存在しない。これらの企業は株式上場しており、株式の所有はすでに多元化・社会化されている」という趣旨の発言をして、国有企業という経営形態を擁護する姿勢を示しました。

民営化の推進にストップをかける政策を象徴するような事件が二〇〇九年に起きています。

北京建竜重工集団は大型の私営企業で、総裁の張志祥のリーダーシップの下に、M&A（合併・買収）を通じて規模を拡大していました。資源採掘、鉄鋼、電機、造船などの産業を総合的に経営しています。この建竜重工は二〇〇五年から通化鋼鉄集団に資本参加していました。

通化鋼鉄は吉林省の中で最も大きい地方国有の鉄鋼企業ですが、二〇〇八年の世界金融危機の影響を受けて経営危機に陥っていました。寒冷地なのに、冬季に従業員宿舎の暖房を停止したことで、従業員の不満もたまっていました。

そのような情況の下で、吉林省国資委の後押しもあって、建竜重工は二〇〇九年三月から通化鋼鉄を吸収合併する計画を進めています。通化鋼鉄の株式の六五%を建竜重工が持ち、吉林省国資委が三四%、その他が一%という案です。当初の計画によると、通化鋼鉄の従業員一千名がリストラされる予定でした。七月二四日にこれを知った通化鋼鉄の従業員が抗議に集まり、騒乱は一〇時間に及びます。

その場に説明に来たのは建竜重工の副総裁で、新会社の総経理に内定していた陳国軍でした。団体交渉が紛糾するさなか、通化鋼鉄のオフィスビル内で陳が反対派の従業員によって殴り殺されるという事態に至ります。この事件を受けて、吉林省国資委は建竜重工が通化鋼鉄に資本参加することを永久に禁止する通達を出しました（張志学・張君主編『中国企業的多元解読』北京大学出版社、二〇一〇年）。

結局、二〇一〇年七月に北京市の地方国有企業である首鋼集団が通化鋼鉄の株式の七八

%を取得して、その傘下に収めています。

国有企業を温存する方向に転換した第三の理由は、国家の経済安全保障上の見地から国有企業の意義が再評価されるようになってきたからです。これは、二一世紀に入ってからの日中関係の悪化と、それがもたらした中国におけるナショナリズムの台頭とも関連しています。宇宙衛星、兵器、核開発などの軍事関連企業はいうまでもなく、エネルギー、通信、運輸などの基幹産業やインフラ整備などの分野でも国有企業を戦略的に維持・擁護していく傾向が強まってきました。

中国国有資産管理学会副会長の魏傑は、国有企業への優遇措置についての批判や国有企業の民営化を求める声に対して反論し、「国家の安全と社会の安定という大局に立つべきだ」と主張しています。各国でナショナリズムが台頭している現今の国際情勢下では、市場派・民主派がいくら国有企業の民営化を声高に唱えても、中国政府が国有企業を優遇し、温存しようとする政策の流れは変わらないでしょう。

6 「混合所有制経済」への道

†「混合所有制経済」の提起

比較経済体制論に「混合経済」という概念があります。資本主義の市場経済において、国営企業や公共政策などの政府の介入によって民間部門と公共部門とが併存するようになった経済体制のことを指しています。

逆に、社会主義の計画経済体制においても市場メカニズムを導入し、部分的に私営経済を容認する動きがありました。この場合も「混合経済」と呼ぶことができます。

中国でも改革開放時代に入ると、個人経営、私営企業、外資系企業などの私営経済が大きく発展し、公営経済と勢力を分かちあうまでになっています。

中国で「混合所有制経済」という概念が正式に提起されたのは、一九九七年の党十五全大会です。その後、二〇一三年の中共十八期三中全会の決定において、「積極的に混合所有制経済を発展させる」という方針が示されました。

二〇一五年には、国有企業において「混合所有制経済」を推進するための指示が相次いで出されました。一つは、同年八月の中共中央・国務院の「国有企業改革の深化に関する指導意見」です。もう一つは、九月に国務院が発布した「国有企業における混合所有制経済の発展に関する意見」です。

国有企業の分類と資本の所有形態

前出の中共中央や国務院の指示、および国家発展改革委員会の見解（『人民日報』二〇一五年九月一八日）に基づくと、国有企業は産業分野の違いによって次のように分類されます。

- 国有企業
  - 商業性企業
    - Ⅰ類企業（市場競争型の産業）→株式制の普及と非国有資本の参加
    - Ⅱ類企業（国家安全保障および国民経済の根幹にかかわる産業）→国有資本の支配
  - 公益性企業（民生・社会保障や公共財・公共サービスの供給）→国有資本の絶対的支配

この国有企業の分類によると、商業性企業のうち、Ⅰ類企業は市場競争型の産業に属するものです。ここでは、株式制を普及させ、非国有資本の資本参加を促し、混合所有制を積極的に推進していくことになります。

それに対して、Ⅱ類企業は国家安全保障および国民経済の根幹にかかわる産業に属するものです。具体的には以下の五つの分野からなります。①重要なインフラストラクチャー(主要な通信インフラ、交通インフラ、河川の水利・水力発電など)、②重要な自然資源(水資源、森林資源、鉱産資源など)、③重要な輸送・配給網(主要な河川水路、石油・天然ガス輸送管、送配電設備など)、④重要な技術・データ・戦略物資(原子力発電、技術プラットフォーム、気象・測量・水文データ、食糧・石油・天然ガスなど)、⑤防衛・軍事工業。

Ⅱ類企業では国有一〇〇%にするか、国有資本が株式の「絶対的支配」を確保することを原則としています。「絶対的支配」とは国有資本が株式の五一%以上を占めることです。とくに国有資本が六七%以上を握っている場合には、「公司法」(一九九四年施行、二〇〇五年改訂)の第四四条によってその他の株主は否決権を行使することができないので、その線を指すこともあります。

上記のⅠ類とⅡ類の商業性企業に対して、公益性企業とは水道・電気・ガス・熱供給、公共交通、公共施設などの公共財・公共サービスを提供する企業です。公益性企業は投資主体の多元化を認めながらも、国有資本の絶対的支配を基本にしています。

†混合所有制改革の事例

では、市場競争型のⅠ類企業の分野において実際にどのような形で混合所有制への改革が行われているのでしょうか。

混合所有制改革の代表例としてよく知られているのは、雲南省の地方国有企業である雲南白薬集団です。白薬は白色粉末の傷薬で、雲南産のものは清朝末期からの伝統がありま す。この医薬品企業は雲南省国資委が一〇〇%出資する雲南白薬持ち株公司の支配下にありました。雲南省の地方国有企業の中で最も営業成績が良好だという理由で、二〇一六年に雲南省国資委から混合所有制改革のモデルに指定されました。

二〇一六年一二月に雲南省国資委の持ち分を一〇〇%から四五%にまで下げています。残りの五五%の株は増資によって、江蘇魚躍科技発展公司が一〇%、新華都が四五%を所有する形になりました。新華都は、陳発樹という個人が出資する私営の投資公司です。

この改革については、混合所有制改革に名を借りた私有化だという批判の声もあります。図2-4をみれば、たしかに陳発樹の支配力の大きいことがわかります。二〇一八年に陳は雲南白薬持ち株公司の法定代表人になっています。

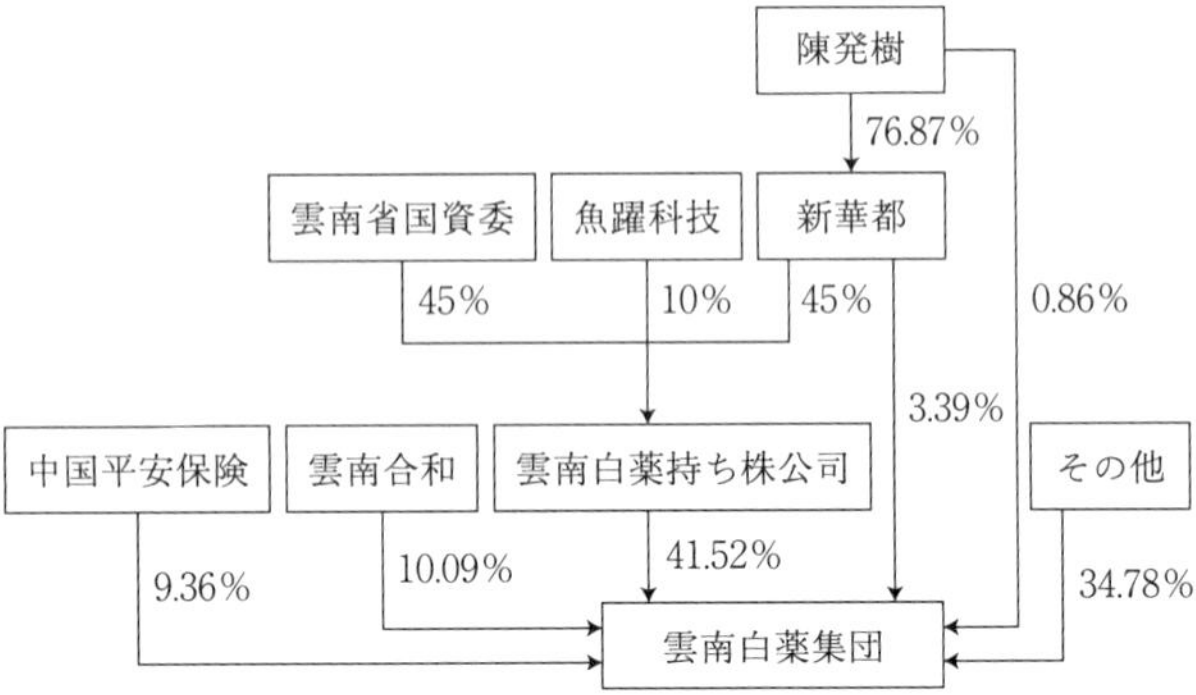

図 2-4　雲南白薬集団の株式所有関係
（注）雲南合和は中国煙草公司の傘下にある国有企業。中国平安保険は私営企業（国有資本が一部参加）。
（出所）蘭有金『国企混改新時代』中信出版、2019 年に一部追加。

もう一つの事例は、中央国有企業が私営企業を吸収して混合所有制を実現したケースです。中国建材集団は九〇〇社を超える中小のセメント・コンクリート企業をわずか数年間で吸収合併して、年産四億トンという世界一の生産量を達成し、世界五〇〇強企業の一つにもなっています（国家発展改革委体改司編『国企混改面対面』人民出版社、二〇一五年）。

以上に述べた二つの事例は、混合所有制改革によって国有企業に私営資本を取り入れていったものです。今の段階では、国有企業に私営資本を取り入れながらも、その企業の株式の支配権を依然として国有資本が握りつづけようとしていますが、今後の経営状況によっては、経営の実権は次第に私営資本側に移っていく可能性もあります。

†国有企業の実質的な民営化

中国政府が国有企業を温存しようとする政策は変わらないだろうと先に述べましたが、それは石油、電力、通信や兵器などの国家安全保障にかかわる基幹産業についての話であって、市場競争の激しい産業分野では国有企業は私営企業にかなわないところがあります。そういう分野では、国有企業の民営化・私有化が経営陣の手によって着々と進行しています。

二〇一八年から顕在化した米中の通商紛争の中で、アメリカの制裁対象となった中国のIT企業には、華為《ファーウェイ》（Huawei）のほかに中興通訊（ZTE）も含まれていました。アメリカは、ZTEが国有企業であることも制裁理由の一つとしています。

本章のテーマである国有企業の所有と経営という観点からみると、ZTEの所有制構造は典型的な国有民営化の道をたどってきています。ここで民営化とは私有化すなわち私営企業への転換と同じ意味です。

ZTEの発祥は、西安にある国有の六九一工場が対外開放の最前線基地としての深圳に進出したところから始まります。六九一工場は航天工業部傘下の軍事工業企業です。一九八五年に六九一工場、香港の運興電子貿易公司、長城工業公司深圳支社という三つの会社の合弁により、深圳市中興半導体有限公司（中興半導体）が設立されます。資本金は二八〇万元で、六九一工場が六六％の株を支配していました。この中興半導体の総経理として西安の六九一工場から派遣されたのが、侯為貴です。

侯為貴は中興半導体の総経理の身分のまま、一九九三年一月に個人の資格でベンチャー資金を募り、三〇〇万元を集めて私営企業の深圳市中興維先通訊設備有限公司（中興維先）を立ち上げます。

一九九三年三月に、国有の六九一工場および深圳広宇工業集団公司と私営の中興維先とが共同出資して、資本金三〇〇万元の深圳中興通訊設備有限公司（中興新）を設立します。六九一と広宇という二つの国有企業の株式を合わせると五一％になりますが、筆頭株主は四九％をもつ私営の中興維先です。中興新は大容量のデジタル交換機の開発などで業績を伸ばし、一九九六年には売上高は六億元に達し、資本も三〇〇万元から四億元へと拡大しました。

一九九七年に、中興新は深圳市中興通訊株式公司（中興通訊）を設立して、深圳証券取引所に上場します。この上場により、中興通訊の資本金は六・八億元へと拡大します。株式の所有構成は中興新六二・八％、国有三六％、その他一・二％となりました。中興新は前述したように筆頭株主の地位を私営企業の中興維先が握っていますから、中興通訊（ZTE）の支配権は実質的に私営企業の手に落ちたことになります。

中興維先の創業者である侯為貴は、二〇〇四年にZTEの董事長に就任します。それから定年退職するまでの一二年間トップとして君臨しました。

このような国有民営化の関係を図示したものが、図2‐5です。同じく、中国トップの家電企業ハイアールも一連の過程を経て、張瑞敏たちの経営陣がハイアールの支配権を握

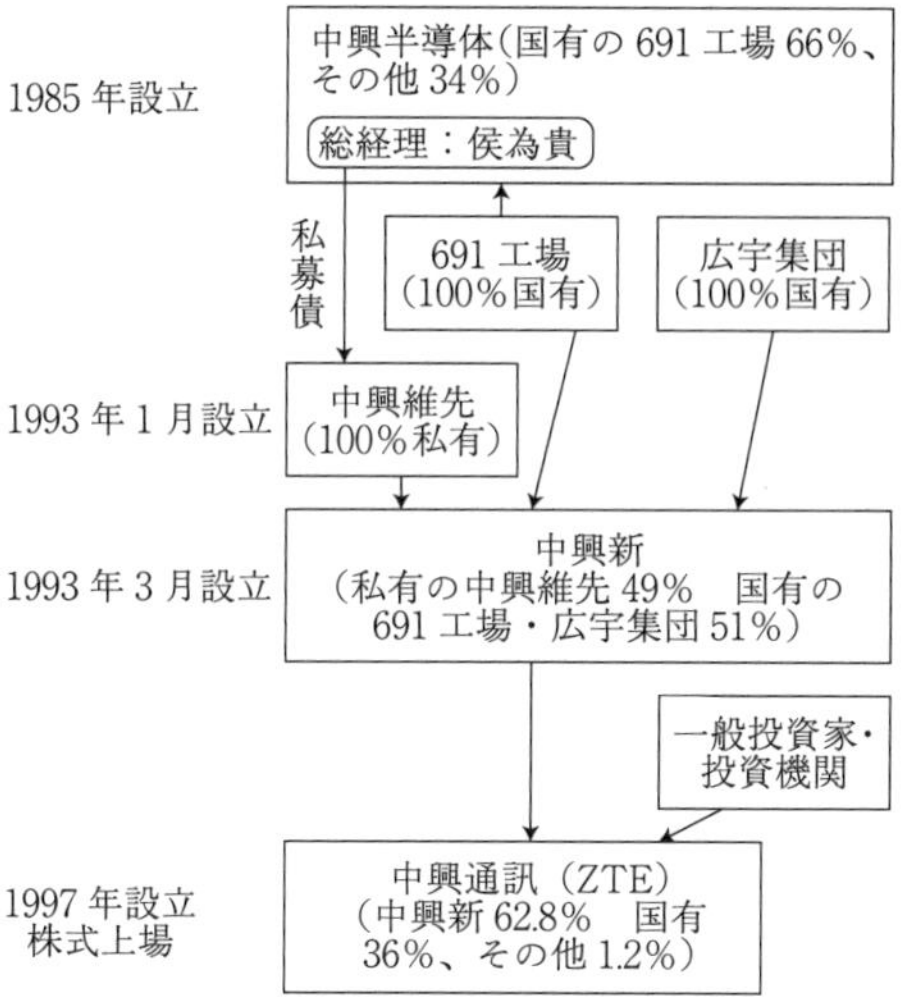

図 2-5　中興通訊（ZTE）の株式所有関係
（出所）周波論文『桂林航天工業高等専科学校学報』2003 年 4 期に一部追加。

っています。

このような株式構成における国有資本と私有資本との併存をおしなべて「混合所有制」とみなすこともできますが、資本の支配権と経営の実権が誰の手にあるかを見きわめなくてはなりません。

第 3 章

食品安全と企業文化

——市場経済の規範を確立することができるか

乳業企業の蒙牛を創業した牛根生

食の安全保障は「国計民生」（国の経済と民衆の生活）の根幹にかかわる大事です。かつては腹いっぱい食べることが目標だった時代もありましたが、今では如何に安全で良質の食品を食べられるかが課題となっています。

中国で食品汚染問題がジャーナリズムをにぎわしていた頃、次のような世相風刺の「順口溜」（語呂合わせ）が人口に膾炙《かいしゃ》していました。「中国人は食品分野で化学音痴を一掃した。米からパラフィンを知り、ハムからDDVP（有機リン殺虫剤）を知り、塩漬けやトウガラシ味噌からスーダンレッドを知り、寄せ鍋からホルマリンを知り、白キクラゲや砂糖漬けなつめからイオウを知り、キクラゲから硫酸銅を知った」。

その他にも、「外国人は牛乳を飲んで〝結実《ジエシー》〟（丈夫）になったが、中国人は牛乳を飲んで〝結石《ジエシー》〟になった」、あるいは「日本人は一日一杯の牛乳で民族を〝振興《ヂエンシン》〟させたが、中国人は一日一杯の牛乳で民族を〝震驚《ヂエンジン》〟させた」などというだじゃれの類もあります。

いずれも中国の食品安全がおびやかされているさまを憂え、政府の食品安全管理体制の不備や食品業界の違法行為を皮肉ったもので、庶民の心情が如実に反映されています。

1　豚肉食中毒事件

†禁止薬物のチェック機能不全

二〇〇六年九月に上海で大規模な豚肉食中毒事件が発生しました。市内の九区で三〇〇余人に被害が出ました。浙江省海塩の食肉処理加工場から卸売商が購入した豚肉の中に塩酸クレンブテロールが混入していたからです。

塩酸クレンブテロールは気管支ぜんそく薬ですが、一九八〇年代に米国でこれを豚の飼料に混ぜると赤身肉の割合が上昇することが発見されていました。中国でも改革開放以降の健康ブームの影響を受けて、脂肪肉より赤身肉が好まれるようになっています。塩酸クレンブテロールは中国では〝赤身肉エキス〟とも呼ばれ、豚を高く売りつけたい農家がこれを飼料に混ぜる事件が頻発するようになりました。中国でももちろん塩酸クレンブテロールを飼料に混ぜることは禁止されています。

食中毒を起こした豚肉はいずれも食品検査合格証付きであったため、上海市の検査体制が問題となりました。

上海市の条例によれば、同市の食品薬品監督管理局は養豚場に対して定期検査を実施し、すべての食肉処理加工場において五％の抽出率で豚の尿検査をすることになっています。ところが、実情は必ずしも規定どおりに検査がなされているわけではありません。

養豚農家に対する検査は検査員がちょっと顔をのぞかせるだけのもので、「飛行検査」と揶揄《やゆ》されていました。規定違反に対する厳しい罰則もなく、食肉処理加工場の中には尿検査の体制も整っていないところもあります。さらに検査設備のあるところでも、規定どおりに検査を経て合格するには一二時間もの待ち時間が必要なものですから、食肉処理加工場は効率を優先して検査はおざなりなものになりがちでした。

劉明華・上海市浦東新区動物衛生監督所所長によると、二〇〇六年当時の豚肉流通分野の管理は一九五〇年代、六〇年代に作成された獣医衛生検査の規則に基づいて行われていました。それは疫病や伝染病への対策を主としたもので、飼料添加物の残留のチェックは強制的な検査項目の中に含まれていませんでした（『新華網』二〇〇六年九月一七、一九日）。

表３－１は、二〇〇六年九月一二日に浙江省嘉興の農家から出荷された豚肉が、九月一三日に上海の浦東新区のマーケットで売られるまでの豚肉の流通ルートを示したものです。

9月12日午前　浙江省嘉興市南湖区新豊鎮と嘉興県姚庄鎮の飼育農家が売却の意思を連絡
↓
南湖区生豚検証ステーションが2名の村の協力管理員を農家に派遣、尿検査をして合格の刻印、検疫証明書もステーションで発行
↓
海塩県家畜処理加工場
処理加工前の最後の尿検査（小規模な自営業者の請負なので、全頭検査せず、抽出検査だけ）
↓
夜11時頃　274頭を処理加工
そのうち、189頭が上海市指定の畜禽輸送ルートの金山道口へ
↓
上海に入る前に“両証1単”（非疫区証明書、車両消毒証明書、県外移出の動物産品検疫合格票）を提出
↓
9月13日夜半　上海農産物中心卸売市場
市場管理人員が“両証1単”をチェック
市場に入れるとき、豚肉上の検疫印をチェック
↓
朝3時　3000頭の新鮮豚肉を卸売市場内に陳列
13カ所の野菜・食肉マーケットから来た2級小売商が買い付け、ICカードで決済。卸売市場が検疫合格証明書と上海市卸売市場交易確認票を発行
↓
朝4時　189頭を浦東新区の13カ所のマーケットへ搬出

表3-1　上海市場への豚肉流通ルート
（出所）『新華網』2006年9月19日。

豚肉が市場に出回るまでには生産農家や家畜処理加工場における尿検査や検疫検査が必要ですが、十分にチェックがなされているとはいえません。検査段階を通過した後は、根拠のない検疫合格証が一人歩きすることになります。

二〇一一年に中国の食品大手、双匯集団の済源双匯有限公司が出荷した豚肉から塩酸クレンブテロールが検出されました。双匯集団の董事長の万隆は会社のせいではなく、養豚農家の問題であって、汚染されたのは河南

省済源市の工場だけだと釈明していました。しかし、双匯は養豚農家に対して赤身肉の比率を七〇%に高めるよう要求していたことがのちに判明します。一般的には赤身肉の比率はせいぜい三〇~四〇%ですから、農家に薬品を使うよう促しているようなものでした。

さらに双匯集団が世間から強い反発を買ったのは、「十八道検検、十八道放心」(幾重にもチェックしているので、十分に安心の意)というキャッチ・コピーをCMで流していたからでもあります(上海市食品薬品安全研究中心・唐民皓編『食品薬品安全与監督政策研究報告(二〇一二)』社会科学文献出版社、二〇一二年)。

中国の大都市では急速な経済成長を受けて、豚肉消費量と市場販売量は急激に増加しています。このような市場経済の野放図な拡張に対し、市場規範の形成や政府のマクロ・コントロール能力がそれに追いついていません。市場規模の拡大によって生産者と消費者が遠く離れ、お互いに相手が見えなくなってしまっているのに、その間をつなぐ仲介機構が果たすべき役割を発揮していないのです。

2 粗悪粉ミルク事件

†貧困農村の屈折した精神風土

中国の農村では豚肉エキス事件よりもっと悪質な、乳児相手の食品安全違反事件が発生したことがあります。

安徽省阜陽市の農村部では二〇〇三年に百人余の乳児に同じような異常症状が発生しました。いずれも四肢が短く、身体がやせ細っているのに、頭部は異常に大きく、顔が水ぶくれしています。生まれたときには四キロあった体重が生後六カ月になって、逆に三キロに減った子もいました。その原因は、乳成分を薄め、その代わりに大豆などのたんぱく粉を混ぜた低品質の粉ミルクが出まわっていたからです。

中国の粉ミルクはたんぱく質含有量が一二％以上あれば合格ですが、粗悪粉ミルクは二％しかなく、ほとんど水を飲んでいるようなものでした。粗悪粉ミルクが阜陽市の農村部に多く流通した理由の一つは、食品安全管理のチェック体制が農村部にまで行き届いておらず、農民自身も粗悪品かどうかを判別する知識も情報も持っていなかったことにあります。また、粉ミルクのブランド品は安いものでも一袋一八元以上はしますが、粗悪品の多くは一〇元以下と安価で、貧しい農民にとって手ごろな値段だったからです。

日本の森永粉ミルク中毒事件（一九五五年）のときもそうでしたが、父母や祖父母は手ずから粉ミルクを乳児に飲ませていただけに自責の念にかられます。被害児の母親の一人、陳敏は「うちらのとこは金がないので、安い物を買うしかない。子どもは今三歳で、よその子は飛んだり跳ねたりしているのに、うちの子はやっと立っちができるだけ。入院と薬代で三〇〇〇元かかった」と言っていました。

阜陽市の農村部がいかに貧しく、また社会的な通念から隔絶されているかを示す一例があります。

同市太和県宮集鎮の宮小村は人口一六〇〇人の行政村です。この村は別名「小児マヒ村」と呼ばれています。一九八〇年代に小児マヒの子を連れた父親が上海の病院に行ったところ、通りがかりの人が同情して、カネを恵んでくれたことがありました。それに味をしめた父親は子連れで物乞いをして回るようになり、ついには家を建て直すまでにカネを貯めたのです。

これを知った村人が周囲の村や隣県から小児マヒの子を借りてきて、各地を行御《あんぎや》するようになり、物乞いはこの村の「インフォーマル産業」となります。村の党支部書記は「これでみんなが豊かになったのだ。いったい誰が彼らのもうけ口を止めさせることができようか」と言ったそうです（駱漢城ほか『中国誠信報告』江蘇文藝出版社、二〇〇四年）。粗悪粉ミルクを製造販売した業者は、このような貧困農村の屈折した精神風土につけこんで、安上がりに金もうけをしようとしたのです。

3　メラミン入り粉ミルク事件

†なぜメラミンを混ぜるのか

中国の食品工業に対する品質検査ではタンパク質の含有量をチッ素（N）の比率で測ります。メラミンを混ぜると食品中のチッ素含有量が増えるので、タンパク質の含有量を偽装するためにメラミンを混入させる企業が出てきました。メラミンは牛や羊の飼料には以前から混入されていましたが、犬や猫などの小動物に与えると死に至る可能性もあります。

メラミン入り粉ミルクを製造販売したメーカーの中には、中国の粉ミルク市場で当時、トップのシェア（一八％）を占めていた三鹿集団も含まれています。三鹿は、前述した粗悪な粉ミルクを農村向けに売り込んでいた上に、さらにメラミンも添加していたのです。

三鹿集団の本社は河北省石家荘市にありました。その前身は、一九五六年に一八戸の飼育農家と四五名の社員によって設立された「幸福乳業生産合作社」です。一九六〇年には石家荘市最大の乳牛飼養場を建設しています。

改革開放後、三鹿は飛躍的な成長を遂げ、一九九三年には粉ミルクの生産・販売量で全国のトップに立ちました。三鹿は、河北の農民に乳牛を売ったり、貸したりすることで、傘下の酪農農家の数を増やすという形で成長してきました。自らの投資リスクを小さくする安上がりな方式です。中央テレビ（CCTV）のCMで、『紅楼夢』に登場する美女の一人、王熙鳳を演じた女優の鄧婕を起用したことでも知られています。

数々の表彰を受け、全国的に知名度の高い企業であるにもかかわらず、三鹿はメラミン入り粉ミルクを製造販売していたのです。

二〇〇八年三月にメラミン混入問題が発覚すると、早くもその年の一二月には三鹿集団は破産します。

二〇〇九年一月に三鹿集団の董事長の田文華（女性）に無期懲役の判決が下りました。田は一九六八年に三鹿集団の前身の石家荘市牛乳工場に配属になり、一九八七年に同集団のトップに昇りつめたたたき上げです。全国政協委員として二〇〇一年には食品汚染事件に対する立法と対策の必要性について発言したこともあります。ところが、田は同社の粉ミルクにメラミンが混入していることが発覚した後も、二〇〇八年八月二日から九月一二日にかけて同じ製品の生産・販売を継続するよう指示していました（謝鵬『乳業内幕――中国奶業的江湖』浙江人民出版社、二〇一二年）。

田のほかに、原乳にメラミンを添加したり、メラミンの販売に携わったりした者数人も死刑や懲役刑を科されました。石家荘市市長も三鹿集団をかばった罪で解任されました。

†消費者へのショック

二〇〇八年九月一九日、全国一五〇カ所の国家レベルの食品類品質検査センターと実験室が動員され、市場シェアの七〇％以上を占める蒙牛、伊利、光明、三元、ネスレなど一五四社の製品が検査されました。その結果、三元とネスレを除いて、主要二二社の六九サンプルからメラミンが検出されています。

メラミン入り粉ミルク事件では、最終的に二九万六〇〇〇人の児童に腎臓結石などの泌尿器系の異常が出ました。そのうち、五万一九〇〇人が病院に送られ、六人が死亡しています。

光明は、その前身が上海市農業局所属の上海市牛乳公司です。一九九二年に王佳芬を董事長に迎えたころから、大きく発展してきました。王の指揮下に光明は一九九六年からの五年間、牛乳販売高で全国一位の座を占めています。「抗生物質無添加」を謳い文句にして、売り上げを伸ばしたこともあります。上海で光明の高温殺菌牛乳と蒙牛のロングライフ牛乳とが市場シェアを争ったことはよく知られています。

王佳芬は文革の頃に農村に下放された経験をもつ女性です。農村の貧しさを熟知し、しかも女性として哺乳の大切さをよく認識しているはずの経営者が率いる光明でも、メラミン添加の粉ミルクを販売していたことは消費者にとって大きなショックを与えました。王は消費期限の過ぎた牛乳の再加工問題やメラミン混入問題により、二〇〇九年初めに職を辞することになります。

4　企業文化と食品安全

†株買付によってトップ企業に

メラミン入り粉ミルクを販売した企業の中には伊利と蒙牛も含まれていました。両者共に内モンゴル自治区に本拠を置く有名企業です。

伊利は一九八三年にフフホト市所有の回民（ムスリム）食品工場として設立されました。鄭俊懐が董事長になってから急成長を遂げ、一九九六年に内モンゴル自治区で最初の株式上場企業になっています。一九九九年に鄭俊懐ら伊利の経営陣二〇数名が出資して華世貿易公司が立ち上げられました。

華世貿易公司はフフホト市傘下の地方国有企業が所有する伊利株（法人株）に対して、買付をしかけていきました。その資金の調達は次のような巧妙な手法で行われました。

一つは、伊利から一五〇〇万元を華世に移して伊利の法人株を購入させ、その後ひそかに一五〇〇万元を伊利に戻すというものです。もう一つは、伊利と取引関係のある牛乳業者に銀行から融資を受けさせ、それを華世に転貸させるという手法です。華世はそのカネを伊利株一五〇〇万元の購入に充てています。さらに華世は購入した株を担保にして銀行から融資を受けて、牛乳業者に借金を返済しています。

その後、フフホト市国有資産管理局の所有する伊利株すべてが市財政局に移されました。そのうち、五〇〇万株が「啓元」と改名した華世に売られています。かくして伊利の経営陣の会社、華世は伊利の筆頭株主の市財政局に次いで、第二株主となったのです。

二〇〇四年から鄭俊懐にとって事態は暗転し始めます。MBO（経営陣による株式の買い取り）のやり方が「国有資産の横領」に当たると当局の摘発を受け、裁判で鄭に対して懲役六年の判決が下されました。

二〇〇五年には鄭の跡を継いで、潘剛という三五歳の董事長が誕生しました。その後、伊利はメラミン問題でも挫折することなく、二〇〇八年には破産した三鹿に替わって牛乳市場のトップ・シェアを握っています（呉暁波『激蕩三十年――中国企業一九七八～二〇〇八（下）』中信出版社、二〇〇八年）。

†苦労人の経営哲学

蒙牛は伊利との因縁浅からぬ会社です。同じ内モンゴル自治区内に本拠を置くということのほかに、蒙牛の董事長の牛根生は伊利の元副総裁でした。

牛根生は貧しい家庭の出身で、生後一カ月のときに五〇元で身売りされます。牛は小さい頃から養父の下で放牧の手伝いをして育ちました。また、養母はかつて国民党将校の妾であった人です。義母は自分の金銀製品・宝飾が共産党政権の下で没収されるのを逃れるために、周囲の人たちに分け与えたのですが、のちに養母はそのことをタネにそれらの人たちにカネの無心をして回ったそうです。そのお供をさせられたのが牛根生です。

この幼少時の体験は、牛根生に後々までひどい屈辱感を残すものであったといいます。その後、牛根生は伊利の前身である回民食品工場に勤め、牛乳びん洗いをしていました。そこで鄭俊懐に才を見出され、牛の出世への道が開かれました。

牛は一九九二年には冷飲事業部総経理を兼任する形で副総裁の地位に就きます。当時、総裁の鄭が高級乗用車を買うようにと、牛に特別賞与を出したことがあります。ところが、牛は自分のためには使わず、そのカネで数台の小型乗用車を購入して部下に分け与えました。

一事が万事この調子ですから、牛の評判は社の内外ですこぶる良かったようです。伊利の外部からも「伊利に牛あるを知るが、鄭あるを知らず」という声が聞こえてくるほどでした。このような牛の名声が鄭の機嫌を損ねたのでしょうか、牛は一九九八年に伊利を解雇されます。

伊利を去った牛は翌一九九九年、伊利の冷飲事業部の元部下九人と共に蒙牛を設立しました。牛乳の仕入先も加工工場も納入先もなく、業界一一一六位というドンジリからの出発でした。

自社の工場を持たない蒙牛が用いた戦略は、全国にわたって多数の小規模零細の乳製品生産業者と模擬連合を結ぶというものです。それらの業者の工程と製品を蒙牛規格で統一することによって、蒙牛ブランドとして売り出しました。蒙牛自身は乳牛を飼養せず、牛乳集配車も集配加工ステーションも持っていません。そのことによって、飼養コストや運輸コストを大幅に節減することができたのです。

このような経営手法を通じて蒙牛は急速に成長し、業界第四位にまでのし上がりました。二〇〇三年には人工衛星「神舟五号」打ち上げの協賛スポンサーにもなっています。二〇〇四年のアテネ・オリンピックでは代表チーム全員に「牛乳定食」を提供したことでも名を博しました。牛の資産は一・三億米ドルとなり、中国の富豪ランキングにも登場するようになりました。

湖南衛星テレビの「超級女声」という番組は、かつて山口百恵や森昌子らを輩出した日本の「スター誕生!」をまねた超人気の歌謡番組です。蒙牛はこの番組のスポンサー権を独占していました。このことも蒙牛ブランドの人気を高めました。

蒙牛は私営の株式会社ですが、企業の創立当初から企業内に党組織を設けています。そのことが中央や地方の党と政府のバックアップを得ることにもつながりました。

苦労人の経営者である牛根生の経営哲学は、「誠信」（誠実）を根幹に据えています。

「小さな勝利は智により、大きな勝利は徳による。真面目さが事を成し、誠信が人をつくる」

「党と政府が我々に発展のチャンスを与えてくれたのだから、我々は党と人民のために貢献しなければならない」

「品質の良し悪しは人格品行の良し悪しである」

牛根生は人を用いるには、次の三種類の人を優先すると常日頃から明言していました。第一は出身家庭が貧しく、さまざまな苦難を経てきた人。第二は仕事の経歴が長く、幾つもの職場を経験してきた人。第三は外国語と金融の両方の専門知識のある人。

楊文春は一九九六年に前の会社の伊利で働いていたとき、公金を流用してボーナスを支給したかどで辞めさせられた人物ですが、右の三つの条件に合致していました。牛は楊を蒙牛の創設に参画させ、楊の結婚資金を援助したり、楊を日本での合宿研修に派遣したりして取り立てました（劉冬『蒙牛十年——不完美的奇跡』企業管理出版社、二〇一〇年）。

順風満帆に見えた蒙牛ですが、二〇〇八年のメラミン混入問題で経営危機に陥ります。

飼育、集配、加工まで連携企業に任せて自前の設備を持たないのが蒙牛方式ですから、その製品にメラミンが混入するのは必然でもありました。経営危機に直面した蒙牛に対し、二〇〇九年、国有の中央企業である中糧集団が香港証券市場でTOB（株式の公開買い付け）をしかけ、蒙牛の筆頭株主になりました。

中糧集団は第2章でも述べたように、多くの分野で農産物関連のブランド商品を有していますが、乳業には参入できていませんでした。中糧はこの買収で宿願を果たしたことになります。蒙牛も経営危機を脱することができました。二〇一一年六月、牛根生は蒙牛の董事長を退き、中糧集団董事長の寧高寧にその座を明け渡しました。

メラミン混入問題が起こってから、伊利、光明、蒙牛など大手各社は米国や日本から検査機器を輸入するとともに、牧場や生産工程の管理も強化してきました。しかし、その後も乳業企業の食品汚染問題は根絶されてはいません。来日した中国人観光客が爆買いする日本製品の一つが粉ミルクであることはご存知のとおりです。

5　中国の食品安全問題への取り組み

†中国政府の取り組み

食品安全を脅かす事件が頻発する状況に対し、中国政府は手をこまぬいていたわけではありません。一九九五年一〇月には全人代常務委で「食品衛生法」を採択しました。これは衛生部系統を執行機関として確定し、本格的に食品衛生の監督に着手しようとしたものです。しかし、監督の眼が及んだのは食品流通や飲食業・食堂などの限られた消費分野でしかありませんでした。

それから一〇年近くを経て、国務院は二〇〇四年に「食品安全業務をいっそう強化する決定」を発布しました。これを受けて、「農地から食卓までの食品安全」という目標を掲げ、農業部、品質検査局、工商管理局、衛生部、食品薬品監督管理局からなる食品安全管理の責任体制を強化していくことになりました。

二〇〇八年には、「食品安全法」が発布されました。この法案は全人代常務委が草案全文を一般公開して意見を聴取するなど、官民の力を結集して作成したものです。食品安全法に基づき、国務院に新たに国家食品安全委員会が設置されました。国家食品安全委員会が総合調整機構となり、主導官庁としての衛生部とその他の関連部局との調整を図る体制

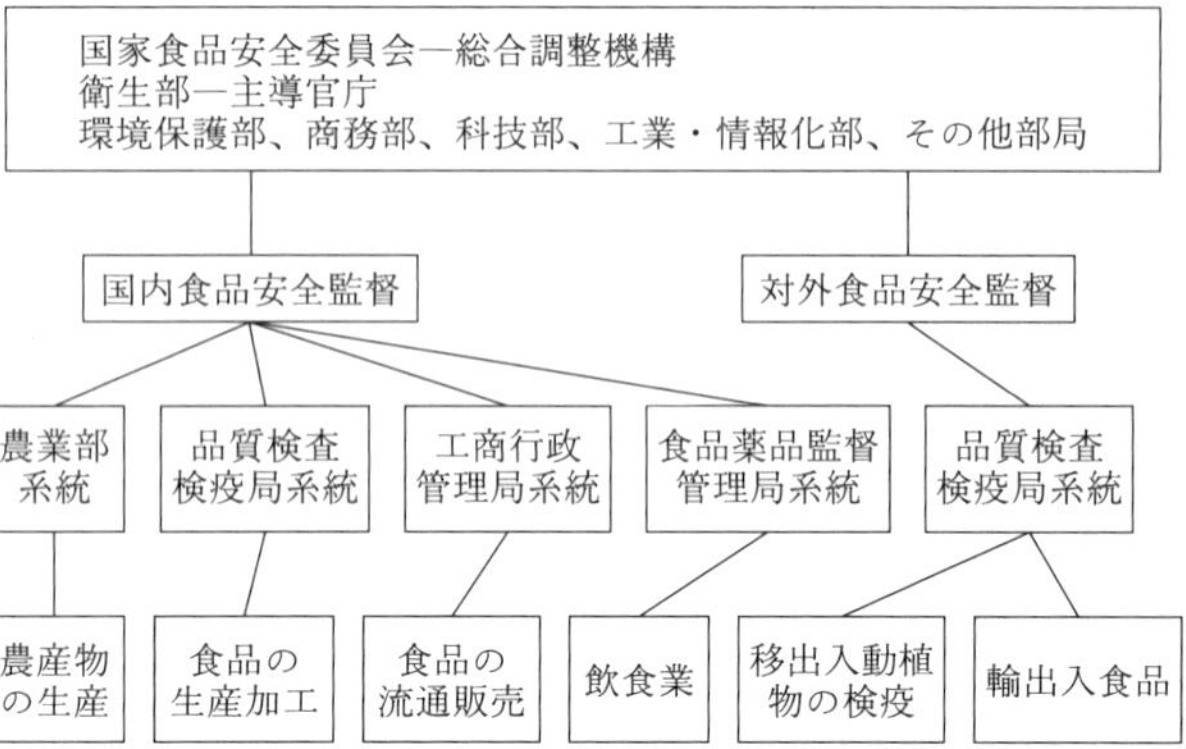

図3-2 「食品安全法」実施下の食品安全管理体制
（出所）王彩霞『地方政府擾動下的中国食品安全規制問題研究』経済科学出版社、2012年。

です。以前に比べれば管理体制の統合を目指していますが、まだ一本化されたとは言えませんでした。

図3－2は、「食品安全法」が実施されてからの監督管理体制を示したものです。

食品安全の実務を担当する監督官庁は分業体制をとり、国家品質監督検査検疫総局が食品の生産・加工を、国家工商行政管理総局が食品の流通を、国家食品薬品監督管理総局が外食産業をそれぞれ管轄するようになっています。地方政府レベルでは出入境検査検疫局、品質技術監督局、工商行政管理局、食品薬品管理局が実施主体となります。

食品安全管理に関する従来の法規と比べ、新法の特徴は、①分業体制下の各部局の責任を明確にし、かつ全体的な調整の機関とその権限を確定したこと、②地方政府の各役所を実施主体とし、その責任を明確にしたこと、③罰則を従前に比し一〇〜二〇倍重くしたこと、などの点にあります。

その後も、食品安全管理体制の改革はつづけられてきました。二〇一八年には国家市場監督管理総局が新たに設置され、食品薬品監督管理局、工商行政管理局、品質検査検疫局の食品安全管理にかかわる業務を統合して管理する方向で改革が進められています。

この分野での体制整備は中央でも地方でもまだ途上にあるといえます。

†地方レベルでの取り組み

地方レベルでも実施体制に進展がありました。全国三一省・自治区・直轄市と新疆生産建設兵団（第5章参照）、および大部分の市・県に協議調整機構とその弁公室が設置されました。さらに一部の地方では、郷鎮、街道、社区、村などの末端の行政組織に食品安全監督員、情報伝達・収集員、予防員を置いています。獣医ステーション、農業技術普及ステーション、工商所などの機関にも一部業務を請け負わせ、公安派出所との連携も強化しました。

二〇一三年に食品安全管理体制の新たな改革が実施されました。新たな体制の特徴は、次のように食品の安全管理の責任分野を明確にしたことにあります。

①農産物の栽培・養殖――農業部
②食品生産・加工・流通・消費――食品薬品監督管理総局
③リスク評価・安全基準の制定――衛生・計画生育委員会

中央レベルでの改革に伴い、地方レベルでも改組に着手しました。省レベルから市や県のレベルまで、食品安全弁公室、食品薬品管理局、工商行政管理局、品質技術監督局の統合により、食品薬品監督管理局による統一管理を実現する動きが進められています。

他方で、実際の組織改編は容易ではありません。地方の食品安全管理の現場では、行政の企業寄りの姿勢、情実による幹部の介入、専門人材の不足、頻繁な組織改編に伴う監督体制の混乱、他部局職員による食品安全管理の兼務などの問題が起きています（梁慄君論文『北海商科大学論集』二〇一九年二月号）。

二〇一六年には「食品安全法」の改訂や「食品安全法実施条例」の発布もありました。

中国の食品安全行政はまだ確固としたものにはなっていません。

二〇一七年に四一七七名を対象にして行われたアンケート調査によると、中国の食品安全に非常に不満のある人が一四％、不満のある人が二七％でした。それに対して、非常に満足している人は五％、満足している人は二五％でしかありませんでした。（李鋭ほか『中国食品安全発展報告二〇一七』北京大学出版社、二〇一七年）。

改革開放後、郷鎮企業などの民営経済の急速な成長は中国の経済発展の原動力の一つでした。しかし他方で、経済のバブル化が進み、変動の激しい中国市場ではなかなか将来の見通しが立ちません。まして民営企業の多くは中小の零細企業や個人経営です。中小企業や個人経営はいつ淘汰されても不思議ではありません。初期の設備投資が比較的少なく済み、零細企業の参入が比較的容易な食品業界では、売り手市場で買い手のつくうちに粗悪品でも不良品でも売っておこうと、個々の企業が刹那《せつな》的な利益追求に走りがちです。

いくら法律を強化し、行政が厳しく取り締まっても、目先の利益を得ようとする企業経営のあり方や企業文化のあり方が変わらないことには、企業の違反と行政の取り締まりとのイタチごっこが繰り返されるだけです。

では、中国の食品安全問題は袋小路に陥っていて、その出口はないのでしょうか。信用や規範を失った社会や市場をどこから建て直していったらよいのでしょうか。

6 CSRを通じた社会変革の試み

†政府が推進するCSR

中国でも近年、CSR（企業の社会的責任）の推進という課題が注目されています。二〇〇八年二月には中国社会科学院経済学部にCSR研究センターが設立されました。中国では、個々の企業がCSRに取り組むとともに、中央政府や地方政府もCSRの推進を政策的に奨励しています。

中央レベルでは、二〇〇八年に国務院国有資産監督管理委員会が「中央企業が社会的責任を遂行することに関する指導意見」を提出しました。地方レベルでも上海市は「CSR地方基準」および「CSR評価体系」（二〇〇八年発布、二〇〇九年実施）を作成しています。そのほかにも浦東新区、深圳市、浙江省、義烏市、温州市、嘉興市、無錫市、煙台経済技術開発区、杭州市、石家荘市、威海経済技術開発区、山西省などがCSRの推進に関する通達を発布しています。

食品安全保障のためには市場規範の確立と社会的信頼の醸成が不可欠であり、そのカギとなるのがCSRを重視した企業文化の構築であり、地方政府は地域ぐるみでCSRの推進に取り組んでいます。資本主義の枠内のことではありますが、企業は社会変革を牽引する動力となることができます。市場の需要に敏感に反応したり、市場動向をリードしたりすることによって「文化形成の担い手」ともなり得るのです。

地方政府が主導するCSRの取り組みについて、筆者たちは二〇一三年九月に煙台経済技術開発区において現地調査をする機会を得ました。煙台経済技術開発区は国家級の開発区として一九八四年に認可されています。今では一万二〇〇〇企業（個人経営を除くと六〇〇〇社）が登記し、そのうち大企業は三〇〇〇社を数えます。

同開発区では二〇〇四年からCSRの導入について準備を始め、二〇〇八年三月に「煙台経済技術開発区においてCSR審査評価体系の実施に関する意見（試行）」を発布しました。この審査評価指標はCSRを評価する八大指標（①経済発展の責任、②省エネ・廃棄物削減の責任、③遵法の責任、④従業員保障の責任、⑤精神文明建設と貧困者・弱者支援の責任、⑥計画出産の責任、⑦安全予防の責任、⑧組織指導の責任）と三〇項目の審査細目からなります。

八大指標の分類とそのウエイト、およびそれぞれの細目の配分点数と管轄部局は表3－3のとおりです。大分類のウエイトの合計は一、細目の合計点数は一〇〇〇点です。

前掲の審査評価指標の得点に基づいて、開発区は毎年末に各企業の査定を行っています。総合点数一〇〇〇点の中で、九〇〇点を上回ると優秀企業、七〇〇～九〇〇点が合格企業、七〇〇点未満が要改善企業となります。開発区管理委員会での聞き取りによると、個人経営を除く六〇〇〇企業のうち、例年、優秀企業は数％で、合格企業が八〇％を占め、要改善企業が一〇～二〇％になるそうです。

二〇一二年に優秀企業と認定されたのは、特等が上海通用東岳基地と富士康（煙台）科技工業園の二社、一等が煙台新時代健康産業有限公司など一四社、二等が斗山工程機械（中国）有限公司など八社、三等は樹研光学（煙台）有限公司など九社でした。

富士康（フォックスコン）は、日本のシャープを買収した台湾の鴻海傘下の会社です。中国大陸の三七都市に工場を展開し、その従業員数の合計は八〇万人に達しています（二〇一八年）。煙台の富士康は八万人を雇用し、主にゲーム機を生産しています。

深圳では相次いで従業員が自殺するなど、労務管理の面で問題が起きたところだが……

(1) 経済発展の責任　ウエイト：0.515	
1　工業生産総額または主要業種売上高	90点（発展改革経済信息局）
2　輸出入総額	70点（商務局）
3　科学技術革新	70点（科技知識産権局）
4　税・負担金納付	215点（財政局、国税局、地税局）
5　固定資産投資	70点（発展改革経済信息局）
(2) 省エネ・廃棄物削減の責任　ウエイト：0.135	
6　省エネ量	30点（発展改革経済信息局）
7　省エネ弾性値（工業生産額1万元あたり）	30点（同上）
8　節水弾性値（工業生産額1万元あたり）	20点（同上）
9　汚水コントロール指標	30点（都市管理環境保護局）
10　環境管理指標	15点（同上）
11　環境調和指標	10点（同上）
(3) 遵法の責任　ウエイト：0.07	
12　企業の遵法管理の記録	20点（政法委）
13　公平な競争の展開	20点（工商分局）
14　消費者の権益の保障	10点（同上）
15　企業の品質管理の記録	20点（技術監督局、検験検疫局）
(4) 従業員保障の責任　ウエイト：0.115	
16　労働保障法規の遵守、労使協調	15点（人力社保局）
17　賃金・各種手当ての支給と福利厚生	15点（同上）
18　労働契約、社会保険料納付、リストラ抑制率、住宅積立金納付	20点（人力社保局、財政局）
19　適齢農民の就業と安定雇用	15点（人力社保局）
20　生産安全と事故管理	20点（安全監督局）
21　企業の安全生産条件の保障	15点（同上）
22　党支部・工会（労働組合）の設置	15点（組織部、大衆工作部）
(5) 精神文明建設と貧困者・弱者支援の責任　ウエイト：0.095	
23　全区の精神文明建設への参加	30点（宣伝部）
24　寄付・慈善活動	20点（民生局）
25　公益事業寄付	20点（審査評価委）
26　農村・社区建設への支援	25点（組織部、民生局）
(6) 計画出産の責任　ウエイト：0.03	
27　国の計画出産政策の履行	30点（衛生人民計画生育局）
(7) 安全予防の責任　ウエイト：0.03	
28　社会治安・秩序	15点（政法委）
29　従業員の違法行為・犯罪の予防	15点（公安分局）
(8) 組織指導の責任　ウエイト：0.01	
30　企業内部のCSR管理体系	10点（審査評価委）

表3-3　煙台経済技術開発区のCSR審査評価指標
（出所）煙台経済技術開発区管理委『関於2013年度企業社会責任考核評価体系的実施意見』2013年44号文件。

と筆者が質問したところ、於少軒・管理委副主任からは当地では全くそういう懸念はないという回答でした。立地が変わることでそう簡単に個々の企業の経営形態が変わるとは思えませんが。

厳しい市場競争下の信頼回復

筆者たちは上記の社会的責任に関する優秀企業のうち、一等に認定された煙台新時代健康産業有限公司を訪問取材し、劉志河・総経理から説明を受ける機会を得ました。この会社は、中国節能環保集団公司（本社・北京）―新時代健康産業（集団）有限公司（本社・北京）―煙台新時代健康産業有限公司（本社・煙台）という系列関係の中にあります。

中国節能環保集団公司は企業集団全体を統括する親会社で、国有中央企業一一七社のうちの一つです。省エネ・環境産業に携わっている代表的な中央企業です。中国節能環保集団公司（一級レベル）の傘下には、二級レベルの子会社二三社、三級レベル以下の孫会社二二七社があり、それらの企業の従業員を合計した数は三万余人になります。

新時代健康産業（集団）有限公司のCSRへの取り組みは比較的早く、二〇〇一年に専門委員会を立ち上げ、戦略、事業、コンサルティング、技術の四つの分科委で研究を積み重ねてきました。二〇一〇年には中国食品安全年会で、「中国食品安全十強企業」として表彰されました。第三者評価も実施しており、国際的な認証機関GRIやISO26000の審査にも合格しています。

煙台の取り組みで特徴的なところは、個々の企業の経営のあり方を改善していくことを目指すと同時に、開発区全体でCSRを推進していくことによって地域社会全体を変革していこうとする点にあります

改革開放後の中国は経済が市場化、国際化する中で、「信認の危機」に陥っています。従来の社会主義体制と訣別して、経済制度の面ではまぎれもない資本主義の道を歩んでいます。今や中国社会にはかつてのような社会主義や共産党に対する全幅の信認は存在しません。他方で、社会主義や共産党に代わって人々が共有できるようなイデオロギーや価値観も見出せてはいません。社会主義体制が崩壊して、市場経済に転換した東欧やソ連の国々で起きているのと同じことが起こっています。

そういう「信認の危機」が蔓延《まんえん》している状況の下で、中国の企業は不安定な市場環境と厳しい市場競争にさらされています。短期的であろうと、その場限りであろうと、得られるときに利益を得ておかなければ、いつ倒産の憂き目にあうかもしれません。資本主義の

あくなき利潤追求は日本企業ではオブラートに包まれていますが、中国ではむき出しのギラギラした形で現れます。

中国型市場経済の下で、あえて現実的に実行可能な社会変革の可能性を挙げるとすれば、市場競争力を備えた企業の中から新たな企業文化が広がっていくことにあるのではないでしょうか。個々の企業の努力だけでは限界があるので、業界全体として信頼を回復し、企業の社会的責任を果たしていくことが求められます。日本では業界団体が自主規制の役割を担っていますが、中国では煙台市の例のように地方政府の指導力が重要な意味を持ってくるでしょう。

第 4 章

農村改革と農村土地政策

——「三農問題」にどう向き合うか

「三農問題」を提起した李昌平

1 「三農問題」と都市・農村格差

†「三農問題」とは

中国では従来、農民の支持を取りつけた指導者が政権を握ってきました。毛沢東の中国革命しかり、鄧小平の改革開放しかりです。

毛沢東は土地改革によって農民に農地を分配したからであり、鄧小平は農家の請負経営制の導入を認めたからです。しかし、毛沢東時代には小農経営の時期は短く、一九五三年から農業集団化を推進していきます。集団農業体制の下で、農村の多くは貧困から脱することができませんでした。

改革開放後の政権の下でも中国の農民の暮らしはなかなか改善しませんでした。たしかに市場経済の導入によって、大都市近郊の農村の中には見ちがえるほど豊かになったところもあります。

たとえば、天津市静海県の大邱荘は党委書記の禹作敏の統率下に一九八〇年代の農村発展のモデルになり、鄧小平らの指導者が視察に訪れたこともありました。

また、江蘇省江陰市の華西村は党委書記の呉仁宝がリーダーシップを発揮して、「天下第一の村」と称されるほど隆盛をきわめました。

さらに、河南省臨穎県南街村は党委書記の王宏斌が指導して、毛沢東思想による人材育成と徹底した集団主義の下で全村民の生活レベルを引き上げました。

しかし、これらの成功例はいずれも工業やサービス業の発展によるもので、農業で豊かになったわけではありません。農業が産業の中心にある大部分の農村、とくに内陸部の農村では農民は相変わらず貧困に苦しんでいます。

「三農問題」とは、農民・農村・農業が直面する問題のことを言います。湖北省監利県棋盤郷という農村の党委書記であった李昌平が二〇〇〇年に当時の首相、朱鎔基に宛てて手紙を出します。手紙の中で李昌平は、「現在の農民はほんとうに苦しい。農村はほんとうに貧しい。農業はほんとうに危うい」と農村の窮状を訴えました。それが『南方週末』という新聞に掲載されたところから、「三農問題」と称されるようになったのです。『南方週末』は広東省党委の機関紙『南方日報』の系列下にある週刊紙です。政府への批判的姿勢で知られ、発行停止にされたり、記者や編集長が辞めさせられたりしたこともあります。

李が三農問題を提起する以前から、中国政府の中にも農村が深刻な危機にあることを指摘している幹部はいました。

天安門事件が起こった一九八九年から九一年にかけて、農民の収入が三年続けて低下しました。当時、農業部の司長（局長）であった範小建は自転車で二〇余の県を視察しています。範は農業税や各種の賦課が農民に重くのしかかっていることを目のあたりにし、農民負担を軽くする案を提出しました。

また、一九九三年には、当時の農業部長（大臣）、劉江が幹部に対して農村で定点調査をするよう指示しました。それを受け、農村経済研究センターの杜鷹は安徽省で調査をしています。その報告によると、農村の貧困は政府のマクロ政策の影響と外部環境の変化によるところが大きいと結論づけられています。

二〇〇二年の党十六全大会で、二〇二〇年までに全面的な「小康社会（やや余裕のある安定した社会）」を建設する目標が設定されます。とくに、「三農問題」の解決は中国政府にとってもっとも優先されるべき課題の一つとなりました。

二〇一五年には習近平が小康社会の実現にとって、農村問題、特に貧困農村の底上げが重要であると述べています。これを受けて二〇一七年の党十九全大会では、「農村振興実施戦略」も打ち出されました。

†都市と農村との所得格差拡大

改革開放後に農民の絶対的な生活水準が上昇してきたことはたしかです。農村貧困人口は一九七八年基準（一人あたり所得六二五元以下）によると、一九七八年の二・五億人から二〇〇七年には一四七九万人に減っています。また、二〇一〇年基準（一人あたり所得二三〇〇元以下）によると、農村貧困人口は一九七八年の七・七億人（農村人口の九八％）から二〇〇〇年には四・六億人（五〇％）になり、二〇一七年には三〇四六万人（三％）にまで減少しました（『中国統計年鑑』二〇一八年版）。

ただし、農村貧困率の低下を示す統計には疑問が残ります。たとえば、二〇一七年の農村貧困人口は三〇四六万人で、貧困率は三％となっていますが、そうであれば、農村人口全体は約一〇億人になるはずです。しかし、『中国統計年鑑』によれば、同年の農村人口は五・八億人ですから、つじつまが合いません。もし五・八億人を分母にすれば、農村貧困率は五％を超え、それほど低下していることにはなりません。

表４－１は、都市と農村との生活水準の変化について一九九〇年と二〇一七年とを比較

したものです。エンゲル係数（食費／生計費）の値は都市・農村ともに大きく低下し、カラーテレビの普及率も一〇〇％を超えています。

他方で、都市と農村との所得格差はかえって拡大しています。改革開放前には都市住民と農村住民との一人あたり所得比はだいたい二対一でした。一九九〇年でも都市は農村の二・二倍に留まっていました。ところが、二〇〇二年には三倍に広がっています。二〇一七年になっても、都市住民一人あたり所得は三万六三九六元（約六一万円）であるのに対し、農村住民は一万三四三二元（約二三万円）です。都市は農村の二・七倍で、あまり都市と農村との格差は縮小していません。パソコンの普及率も都市と農村とで大きな差があります。

	一人あたりの可処分所得（元）	エンゲル係数	カラーテレビ普及率（%）	パソコン普及率（%）
都市	1510→36396 （農村の 2.2 倍）（農村の 2.7 倍）	54.2→28.6	59→124	9.7→81
農村	686→13432	58.8→31.2	5→120	0.5→29

表 4-1　1990〜2017 年の生活水準の変化
（出所）『中国統計年鑑』2018 年版。

2　農村から都市への人口流入と都市・農村一体化改革

†なぜ都市化が進んだのか

改革開放以降、中国の都市人口は増加の一途をたどってきました。改革開放前の一九七八年には農村人口は総人口九・六億人の八割と圧倒的な比重を占めていました。それに対し、都市人口は中国全体の二割ほどにすぎませんでした。ところが、二〇一八年には都市人口は八・三億人に達し、総人口一四億人の六割を占めるまでになっています。改革開放後の四〇年足らずで、人口統計上は急速に都市化が進んだといえます。

このような都市化の進展には、次の二つの事情があります。

一つは、一九八四年と一九八六年に国務院が鎮や市の設置基準を緩和し、かつ市や鎮の行政区域を拡大し、県や村をその管轄下に組み入れたことによります。その点では人口統計の数値ほど、実際の農民の人口が減ったわけではありません。

都市化のもう一つの原因は、農村から都市への人口流入です。前述したように、中国には毛沢東時代から都市と農村との間に大きな所得格差がありました。人口が所得の低いところから高いところへ流れるのは必然で、たびたび農村から都市への人口移動の巨大な流れが発生していました。

一九四九〜五七年の第一次五ヵ年計画期に一六六五万人、一九五八〜六〇年の大躍進期には二〇〇〇万人が農村から都市へ流入しています。ところが、一九六一〜六三年の経済困難期には都市も食料不足や就業困難に陥り、二千万人を強制的に農村へ帰らせました。文化大革命期の一九六八〜七六年には「上山下郷運動」（都市の若者が山村や農村に移住する運動）のキャンペーンを張り、一七〇〇万人の知識青年を農山村に下放させました。しかし、これも運動の収束とともに青年たちは再び都市に戻っています。

農村から都市への人口移動の巨大なうねりが起こるのは、一九九〇年代以降です。鄧小平の南巡講話や「社会主義市場経済」の提起という政策の後押しによって、東部沿海地区では外資進出ブームが起こり、都市部の労働力需要も一気に高まりました。

二〇〇七年に国務院発展研究センターは大がかりな農村労働力調査を行っています。一七省・自治区で二〇の地区クラス市、五七の県・市、一六六の郷・鎮、二七四九の行政村で実施されました。その調査によると、出稼ぎに行くことが可能な青年がすべて出払った村は全体の七四％にも達していました。出稼ぎ志望の青年がまだ残っている村は二六％しかありませんでした。

表4-2は、農業に従事する労働力の年齢構成を示したものです。二〇一〇年に行った

年齢構成（歳）	30以下	31〜40	41〜50	51〜60	60以上	合計
農業従事者（人）	0 [0%]	1610 [6%]	2580 [9%]	2620 [10%]	20240 [75%]	27050 [100%]
非農業従事者（人）	2420 [23%]	2740 [27%]	2810 [27%]	2120 [21%]	170 [2%]	10260 [100%]

表4-2　農村の労働力の年齢構成［%］
（注）2010年8月　農業部主催の農村末端幹部育成クラス（於チチハル市）における黒竜江、吉林、遼寧、内蒙、河北、天津の6省・市・自治区から参加した80余人の村幹部への聞き取りによる。
（出所）朱啓臻・趙晨鳴主編『農民為什麼離開土地』人民日報出版社、2011年。

東北や華北などの村幹部への聞き取りに基づいています。農業に従事している者の七五％は六〇歳代以上になっています。この頃にはすでに日本の三ちゃん農業や中国の「三八六一九九部隊」（婦人と児童と老人―三月八日は国際婦人デー、六月一日は子どもの日、九月九日は重陽節）の段階を通り越して、農業の高齢化が進んでいることがわかります。

†差別される出稼ぎ労働者

国務院で長らく「農民工」政策に携わってきた楊志明によると、二〇一七年の「農民工」と呼ばれる出稼ぎ労働者の数は全体で二・八六億人です。そのうち、六〇％の一・七二億人が都市に入って工商業やサービス業に就き、残りの四〇％は地元で新たな仕事を見つけているといいます（『中国農民工』中国労働社会保障出版社、二〇一八年）。

二〇一七年の都市就業人口は四・二億人ですから、都市で働く農民工はその約四〇%を占めていることになります。このように都市の就業において大きな役割を担っている農民工ですが、それにふさわしい扱いを受けているわけではありません。

都市の一般住民からは「二等公民」と差別され、その多くは「苦《クー》(苦しい)、累《レイ》(きつい)、臓《ザン》(きたない)、差《チャー》(劣悪な)」の中国版4K労働に従事し、低賃金と劣悪な居住環境の下にあります。また、賃金未払いや支給の遅れをめぐる紛争もよく起こっています。外資系の中小企業の中には、商品や現金が紛失したといっては全従業員を閉じ込めて身体検査をしたり、賃金カットをしたりするところもめずらしくありません(盛明富『中国農民工四〇年』中国工人出版社、二〇一八年)。

農民工は都市に住んではいるけれども、都市住民と同等の公共サービスや社会保障を享受できるわけではありません。彼らの家は農村にあり、自らの請負地、宅地、家屋を持ち、家には「留守番児童」や「独居老人」も待っています。彼らにとって、農村の請負地は一種のセーフティ・ネットでもあるのです。

二〇一四年の調査によると、農村に残された学齢期の子供は小学生一四一〇万人、中学生六六六万人でした(中国『社会統計年鑑』二〇一五年版)。

農民工のこのような「両棲」状態に対処するため、彼らが土地の請負経営権を持ったまま都市戸籍を得られるようにする方策が試行されています。

習近平政権は都市・農村の一体化を新改革の目玉の一つとして掲げています。その重要な方途が農民の都市戸籍への転換です。それに伴って、農村の土地所有制度の改革も重要な課題となってきます。

習近平は「都市人口比率が七〇％以上になっても四〜五億人は農村に残っているので、農村を荒廃させることにはならない」と述べ、多数の農民を都市に移住させる改革に自信をのぞかせています。都市人口に転換される農民の数は中国社会科学院の推計によると、二〇二〇年までに三億人、二〇三〇年までに三・九億人と予測されています。今後、アメリカの総人口に匹敵する数の農民が都市に入ることになります。

3 農地の「三権分置」

†小農制から集団農業体制、請負経営制へ

中国の農地所有制度は建国以来、幾度もの変化にさらされてきました。

まず一九四九〜五二年の期間に土地改革が完成されました。土地改革とは、地主の所有する土地を没収し、小作農や貧農に分配するものです。これによって、土地の私有制に基づく多くの小農がつくり出されました。

しかし、小農制の時期はわずかの間で、一九五三年から社会主義的な農業集団化が始まります。農業合作社（協同組合）や人民公社などの形態を経て、一九六〇年代初めから二〇〜三〇戸の農家からなる生産隊が独立採算単位となりました。農地の所有権と経営権も生産隊に属します。この生産隊を基本とする集団農業体制は一九七八年まで約二〇年間にわたって維持されました。

一九七八年末の中共十一期三中全会から農業経営のやり方に大きな変化が起こります。

農業生産責任制が導入され、農家が生産隊に対し生産や経営を請け負うことが可能になりました。各種の請負方式が試みられる中で、個々の農家が農地の耕作を請け負い、単独で農業経営を行う方式（「包干到戸《バオガンダオフー》」請負経営制）が普及していきます。一九八四年末には全国の九九％の生産隊がこの方式を実施するまでになりました。

請負経営制の下で、農地の耕作を請け負った農家はそれぞれ自由に経営することができるようになる一方で、農業税や各種の賦課を納める義務を負うことになります。また、この制度の始まった当初は、農業をすることができなくなった場合、その農家は請け負った農地を生産隊に返還しなければなりませんでした。

ところが、請負経営の期間が第一期一五年（一九八〇～九五）、第二期三〇年（一九九五～二〇二五）と延長・継続されていくうちに、個々の農民にとって農地の請負権は単なる借用権から用益物権としての意味合いを持つようになります。

二〇〇三年の「農村土地請負法」と二〇〇七年の「物権法」によって農地の請負経営権が保障され、その用益物権としての性格が明確にされました。他方で、二〇〇六年に農業税が全面的に廃止されており、農地請負に伴う義務は軽減されています。これにより農民の権利としての請負権の意味合いがいっそう強まりました。

農家の農地請負権の性格が変わっていく中で、請負権と経営権の分離が起こってきます。農地を請け負った農家が自分で耕作や経営をせず、他の農家に又貸しする現象が広がります。二〇〇八年時点では又貸し農地が請負農地に占める比率はまだ九％にすぎませんでしたが、二〇一六年には三五％を占めるまでになります。又貸しに出した農家は六七八九万戸で、農家総数（二億二六〇〇万戸）の三〇％を占めています。

又貸しに出す農家が増えた背景には、多くの農民が都市に出稼ぎに行ったり、農業以外の業種に就いたりするようになったという事情もあります。一九九三年には専業農家はまだ五〇％を占めていましたが、二〇一五年には一〇％にまで減少しています（陳錫文・韓俊『農業転型発展与制度創新研究』清華大学出版社、二〇一八年）。日本と同じように、農家の大半が兼業農家となったのです。

†三権分置――土地の所有権・請負権・経営権の分離

このような農地の請負権と経営権の分離が進行していく状況を受けて、政府は農村の土地所有制度の改革に着手します。二〇一三年の中共十八期三中全会で、「所有権を明確にし、請負権を安定させ、経営権を活性化する」という「三権分置」の方針が提出されました。同年一二月の中央農村工作会議では習近平が「三権分置」の改革を実行するよう指示しています。さらに、二〇一四年の中央一号文書や二〇一六年一〇月の中共中央・国務院の通達により農地の「三権分置」が正式に認可されました。

「三権分置」という政策の目的の一つは、農民の農地請負権を他の農民や合作社に転売、貸出、交換、共同出資などの形態で譲り渡すことを認めることにあります。そうすることにより、土地の所有権と請負権と経営権を分離し、農業の経営規模を拡大させることをめざしています。

農地請負権の改革と都市農村一体化改革とは別々のものではなく、農地の強制収用や地方の財政収入の問題ともかかわって、複雑な利害関係の衝突を引き起こしています。地方の団体や個人の陳情や上訴を受け付けている国家信訪局の統計によると、土地の収用や補償をめぐる案件が団体による陳情の六〇%を占めています。

これには赤字に苦しむ地方財政のあり方もかかわっています。二〇一〇年、全国の地方財政の収入のうち、七二%は土地使用権の売り渡しによるものでした。二〇一三年も同様に六〇%を占めています。地方の財政収入が過度に土地使用権の売却に依存しているところに問題の一端があります。

土地使用権の売却が地方財政の主な収入源となっているだけに、農地の請負権を譲渡させられる農民への補償はいきおい低く抑えられがちです。国務院発展研究センターの調査によると、収用された土地の収益分配は地方政府が六〇〜七〇％、農村の集団経済組織（村民委員会や農民合作社）が二五〜三〇％を取ります。農民には五〜一〇％しか与えられていません（王敬尭ほか『中国農地制度改革』経済管理出版社、二〇一八年）。

土地収用にかかわる官民の衝突として広く知られている事件があります。二〇一〇年に浙江省楽清市寒橋村の元村委主任がトラックにひかれて死亡した案件です。その事故を聞いて集まった村民と警察が衝突し、五名の警官が負傷し、一〇名の村民が勾留されました。

ネット上に「亡くなったのは村長で、電話で呼び出された。警官に押さえつけられて車にひかれた」と載ったのですが、すぐに削除されました。しかし、テンセント、新浪、網易、天涯社区などに次々と転載され、数億人がアクセスしたと言われています。

死亡した元村委主任の銭雲会は村の土地の強制収用に反対して、七年間にわたり上級の政府に直訴を繰り返していました。二〇一一年の村委主任選挙の最有力候補でもありました。

この死亡事件にかんして、二〇一〇年末に温州市と楽清市の警察による調査と、ネチズン、学者、ジャーナリスト、弁護士のグループによる調査とが別々に行われました。その結果は交通事故か殺人事件かで双方の見解は分かれ、不一致のままです（徐江善『誰搶了你的麦克風』中国文史出版社、二〇一一年）。

4 農民合作社の設立

†四四％の農家が加入する農民合作社

「三権分置」政策の下で農地の請負権が市場で売買されるようになると、農地の集中による農業経営規模の拡大や経営主体の多元化をめざすさまざまな動きが起こってきます。

農業経営規模の拡大をめざす動きの中で、二〇〇七年に「農民専業合作社法」が施行されます。二〇一六年末には「農民合作社」（農民の組織した協同組合）は一七九・四万社を数え、一・一億戸の農家が加入しています。これは全国の農家総数の四四％に相当します。

これらの農民合作社の産業分布は作付・栽培、牧畜・飼養、農機具サービス、漁業などにまたがり、農産物の統一販売や肥料・農薬などの統一購入をしているところもあります。

農民合作社にもいくつかのタイプがあります。農民が自ら主体的に組織したものが一四二・五万社ともっとも多く、村の幹部が指導して作ったもの一九・二万社、企業の系列下に組み込まれたもの三・八万社、行政の末端レベルの農業技術サービス・センターを土台にしたもの二・四万社などがあります（農業部農村経済体制・経営管理司ほか編著『中国農民専業合作社発展報告（二〇〇七〜二〇一六）』中国農業出版社、二〇一七年）。

具体的にみると、経営規模の拡大のしかたにも地域によって違いが出ています。たとえば、山東省済寧市では農地の請負権を農家に残したまま、農地の委託経営を推進しています。経営を委託される主体は農民専業合作社などの協同組合組織の場合もあれば、私営の農業企業の場合もあります。

農地請負権を株式化することによって、それを村の収益分配を受けとる権利へと転換したところもあります。

浙江省では二〇〇五年から行政村ごとに経済合作社（協同組合）を改組し、村民の集団所有の財産とその運用権を株式化し、その株を村民に配分する政策を始めています。

たとえば平湖市当湖大南門村では貨幣換算した集団資産七七一万元を人口株と農業年功株とに折半して、それぞれ村民に分配しました。一元＝一株として、人口株は頭割り平均で、また年功株は農業に従事した年数に応じて算定しています。

寧波市江東区福明街道の経済合作社では、二〇一二年の収益二七三〇万元のうち、一〇%の共同積立金、五%の共益金、および任意の共同積立金一〇万元を留保した後、残りを株主としての農民に分配しました(郭暁鳴・張克俊論文『農業経済問題』二〇一三年一期)。

†経営規模拡大の問題点

前述したような農民合作社の結成に向けた動きをみると、改革開放後にいったん家族経営に分散した農業経営が再び集団化・大規模化しつつあるともいえます。しかし、集団化といっても、毛沢東時代のような集団農業や共同労働ではありません。土地や資本の集団所有を残した上で、労働は雇用された賃労働として行われます。

そのような農家経営の移り変わりを図示したのが、図4-3です。黒くぬった部分が家族経営で、白い部分が集団経営です。

都市・農村一体化や農村土地所有権をめぐる改革にも富強・効率・公正という三つの命題のせめぎ合いが見られます。

国家の食糧安全を保障し、農業の経営規模を拡大するには、農村の土地利用を一部の人

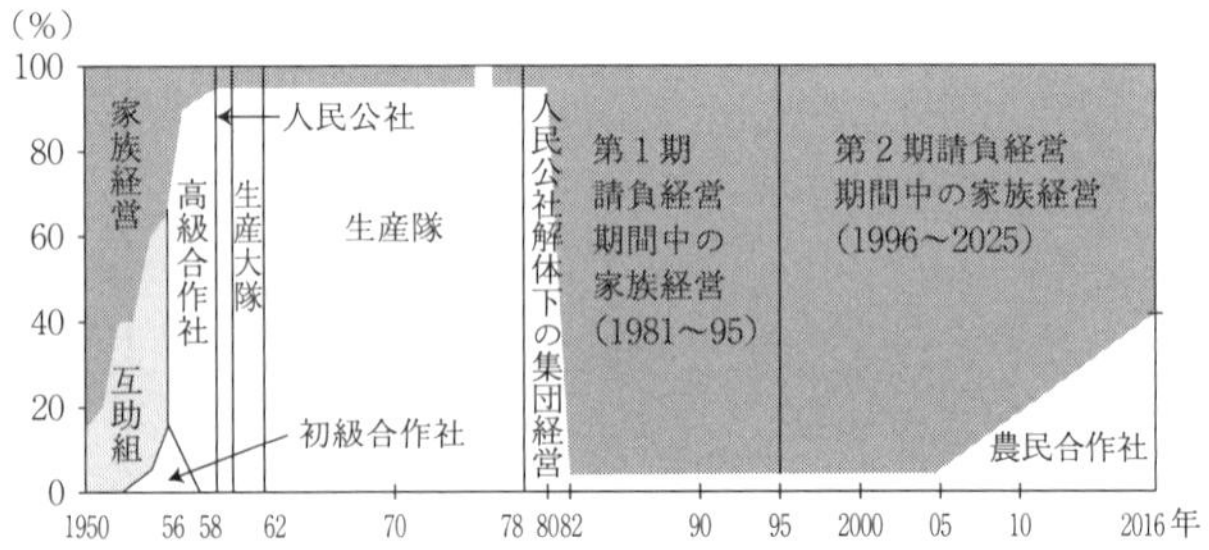

図4-3　農家経営の移り変わり
(注) 農家総数を100%とした割合。
(出所) 筆者作成。

たちに集中させねばなりません(富強原理)。

そのためには、土地を失った農民が都市で就業できるよう農民の都市戸籍への転換を進めなければなりません。ですが、その際、農民の集団的な土地所有権や農地経営の請負権をどう補償するかが問題となってきます(公正原理)。農村の集団資産を株式化して農民に分配すれば、都市近郊の住民は都市に移りやすくなりますが、山間部の貧困地域の農村はますます窮乏化し、都市との格差はさらに拡大していきます。

張剣飛・長沙市長は次の点を憂慮しています。地方政府は農民の都市への移住を促進することにより、請負農地を集中して農家の経営規模を拡大しようとあれこれ策を講じています。しかし、請け負った側の農家は一ムー(六・七アール)あたり約六〇〇元の孫請けの費用を負担しなければならないので、儲けの少ない水稲の作付けでは採算が合わなくなります（効率原理）。実際に長沙では、孫請けした農地では水稲は作付けされていません（農業部農村経済体制・経営管理司調査報告『農業経済問題』二〇一三年一〇期）。

農地の請負権を農村の若い世代に残してやっても、出稼ぎに行って都市で暮らす若者が再び農村に戻って来て、農業の後継者となる可能性はほとんどありません。農村で請負経営制を維持していくことに意義があるかどうかも問われています。

5　農業生産の現状

†耕地面積の減少

以上に述べたように、改革開放後の四〇年間において中国の農村改革は農村に大きな変動をもたらし、今なお変革の真っ只中にあります。ここで、中国農業の現状をみておきましょう。

中国の産業構造において、農業を中心とした第一次産業の比率が大きく低下してきたことは既に述べました。改革開放以降、中国の農業の地位は相対的に縮小する傾向にあります。

一九七〇年代末からの農村改革によって集団農業が解体され、「請負経営制」（個々の農家が農地の経営を請け負う制度）が全国に広がっていきます。この請負経営制の下で、個々の農家の経営規模は小さく分散し、現金収入を求めて、農家の兼業化が急速に進んでいきました。

例えば、二〇一六年の農村住民一人あたりの可処分所得は一万二三六三元（約二〇万円）でしたが、その四一％は賃金収入によるものです。また、可処分所得の一九％は出稼ぎに行っている家族からの送金によるものです。

それに対して、農家経営による収入は三八％でしかありません。その中には、工業や運輸や商業などの営業収入も含まれています。農業生産による収入は農民所得全体の二〇％を占めるだけです（陳錫文・韓俊『農業転換発展与制度創新研究』清華大学出版社、二〇一八年）。農業の比重低下は農民所得の構成にも現れています。

改革開放以降の産業構造の変化の中で、中国の農業はどのような事態に直面しているかを見ておきましょう。

改革開放の前半期には耕地面積は減少傾向にありました。政府発表によると、一九七八年には九九三九万ヘクタールありましたが、一九九五年には九四九七万ヘクタールにまで減少していました。この勢いで中国の耕地が減少すると大変なことになると危惧する専門家もいました。当時、アメリカのワールド・ウォッチ研究所のレスター・ブラウンは、中国の食糧危機が世界の食糧危機をまねくと警鐘を鳴らしていました。

一九九六年に李鉄映・国家経済体制改革委主任が中国の耕地面積は実際には一・三億ヘクタールはあると発表して、中国の食糧危機論に対して鎮静化を図ったこともあります。その後、一九九七年の農業センサスを経て耕地面積統計が整備され、近年では一・三四〜一・三五億ヘクタールの水準で、耕地面積の規模は安定的に推移しています。

耕地面積の減少傾向に歯止めがかかったようにみえますが、肥沃度などの耕地の質や今後の土地開発や人口増加を考慮するとけっして安心してはいられません。

†農薬と化学肥料の過度の投入

二〇一三年に国土資源部と国家統計局が行った第二回全国土地調査によると、全国の耕地面積一・三五ヘクタールのうち、灌漑面積は四五%を占めているにすぎません。地方別

単位：kg/ha

中国	化肥	444	チッ素	226
			リン	116
			カリ	102
	農薬	13		
日本	化肥	226	チッ素	80
			リン	77
			カリ	69
	農薬	11		
アメリカ	化肥	137	チッ素	78
			リン	28
			カリ	31
	農薬	3		
ヨーロッパ	化肥	77	チッ素	50
			リン	13
			カリ	14
	農薬	2		

表4-4　化学肥料と農薬の1ヘクタールあたり使用量（2016年）
（出所）FAO統計。

にみると、耕地面積に占める灌漑面積の比率は東部地区六九%、中部地区六一%、西部地区四〇%、東北地区一五%と大きな地域差があります。

　また農業生産は増えてはいますが、これは化肥（化学肥料）や農薬の過度の投入に依存しているところがあります。一九七八年から二〇一七年までの間に中国の化肥の使用量は八八四万トンから五八五九万トンへと七倍近くに増加しています（ピークの二〇一五年は六〇二三万トン）。

　表4-4に示したように、耕地一ヘクタールあたりの化肥使用量を比べてみると、中国は日本の二倍、アメリカの三倍、ヨーロッパの六倍になります。これらのチッ素やリンなどの化肥は最終的には河川や湖に流れ込み、富栄養化の原因の一つになっています。

　また、農薬の使用量も長期にわたって一八〇〇万トンを超えています。耕地一ヘクタールあたりの農薬使用量も他の国より多いことがわかります。農薬は一般に一〇〜二〇%が農作物に付着し、残りは土壌や水に浸透するので、生態系への影響も深刻です。

農業用ビニールも二〇一五年には二六〇万トンが使用され、その三分の二しか回収されていません（陳錫文ほか『中国農村改革四〇年』人民出版社、二〇一八年）。

中国の主食となる穀物は食糧と呼ばれ、米、小麦、トウモロコシ、コーリャン、粟、大豆、イモ類などが含まれます。食糧生産は一九八〇年代後半に一時減少しましたが、一九九六年には五億トン台に乗りました。その後も増産傾向は続き、二〇一五年からは六億トンを上回るまでになっています。

このように国内の食糧生産は増加していますが、同時に海外からの食糧輸入も増えています。二〇一七年に輸入した小麦、米などの食糧（大豆を除く）は二五五九万トンです。

大豆は輸入量が大幅に増加して、九五五三万トンに達しています。大豆の自給率は一〇数%でしかありません。世界貿易で取引される大豆の三分の二は中国が輸入していることになります。大豆のほかに綿花やシュロ油も中国は今や世界最大の輸入国となっています。

今後、中国の人口は二〇三〇年頃に一四・五億人のピークを迎えると予測されています。一人あたりの所得水準が上昇すると、食肉・乳製品の消費量も増えていきますから、飼料用食糧の輸入もますます拡大していくことになります。

農村人口の都市移住や農地の請負経営制の改革を進めながら、拡大する農産物需要にどのように応えていくのか、中国農業はむずかしい局面を迎えています。

第 5 章

新疆ウイグル自治区の経済構造
——国家と市場と民族共生のトリレンマ

新疆ウルムチの国際大バザールにて

†激しい民族間摩擦のなかで

本章では、中国における民族問題について経済的な側面から焦点を当ててみます。その事例として、中国の西北部に位置する新疆ウイグル自治区を取り上げます。

新疆ウイグル自治区は、人口の半分を占めるウイグル族を始めとして、いくつかの少数民族や漢族が住む多民族地区です。その経済は一九七〇年代末から高度成長を続け、市場経済化も対外開放も大きく進展してきました。

他方で、この地域には中国からの独立をめざしてきた歴史があります。一九三三年と四四年には東トルキスタン独立運動が起こり、独立宣言も発せられました。中華人民共和国の成立後、一九五五年に民族自治区となりました。

しかし、改革開放に転じた八〇年代以降、ウイグル族と漢族との民族間摩擦が顕在化してきています。二〇〇九年七月五日には一九七人が死亡し、一七〇〇人以上が負傷したウルムチ騒乱（七・五事件）が発生しました。さらに二〇一四年三月から五月にかけては、ウイグル族によるとみられる昆明の無差別殺傷事件やウルムチ市内での自爆事件なども相次ぎました。今なお新疆の主要な都市では厳重な警戒体制が敷かれています。

初雪に見舞われた新疆カナスにて

筆者は二〇一五年九月に区都のウルムチ（烏魯木斉）や北辺のカナス（喀納斯）を訪れましたが、どこの空港でも所持品検査では靴まで脱がせて徹底的にチェックしていました。ウルムチでは街の各所に武装警察が配置され、カナスでも交通の要衝ごとに検問がありました。

ウルムチではウイグル族の経営するTホテルに泊まりました。四つ星とのことでしたが、室内の冷房と暖房の表記が逆に貼られていたり、チェックアウト時にクレジットカードの扱いに手間取ったあげくに現金で支払わねばならなかったりするなどのトラブルがありました。民族色豊かなこのホテルを筆者は好きですが、市場競争において漢族経営のホテルと互角にわたり合えるのだろうかと心配になりました。

カナスはモンゴル・ロシア・カザフスタンとの国境

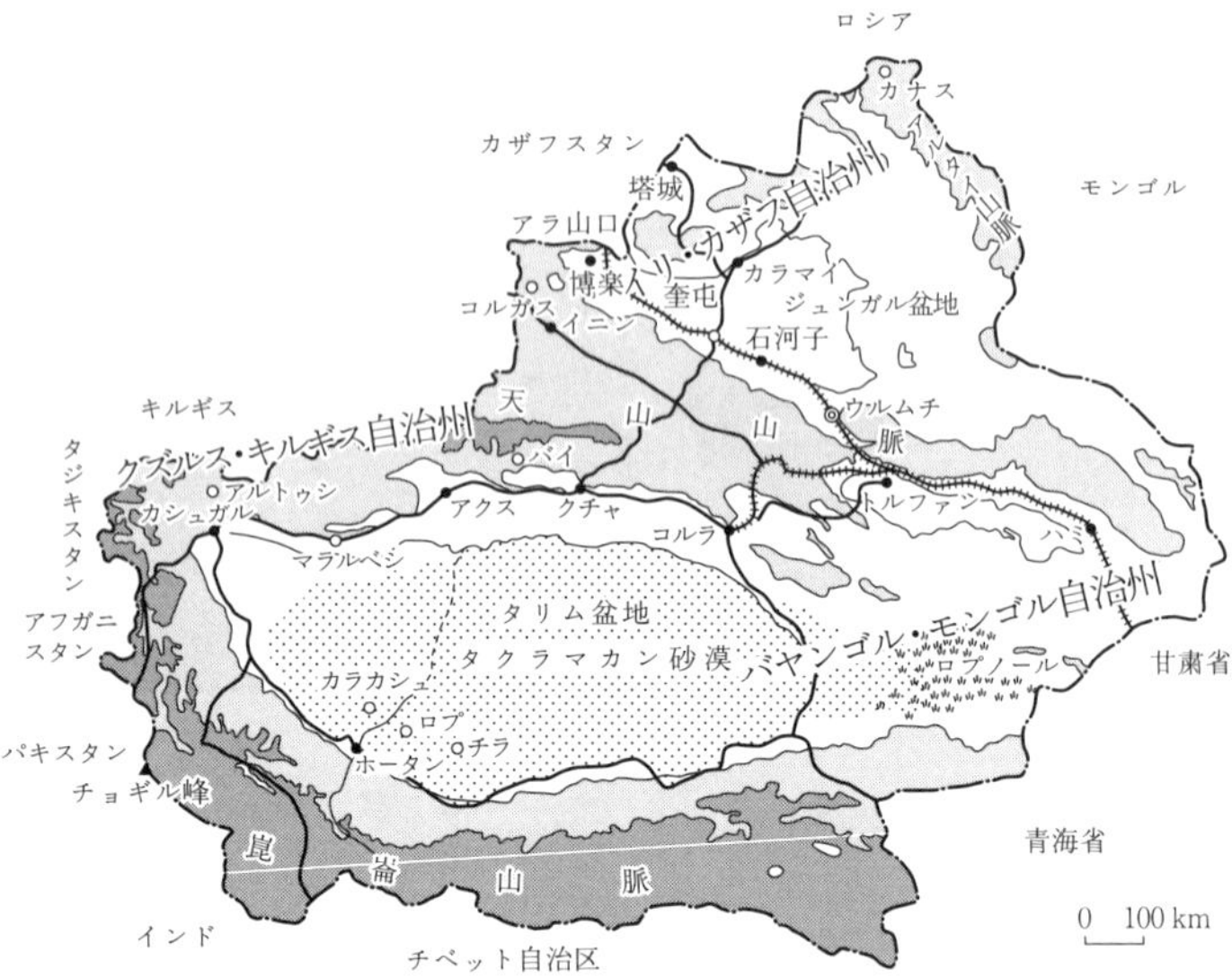

図 5-1　新疆ウイグル自治区の地図

に近い観光地です（図5－1参照）。まだ九月下旬だというのに、時ならぬ初雪に見舞われました。凍える寒さのなか、自然観光遊覧区の入口で漢族のみやげ物店がさっそく軍隊用の緑色の防寒コートを一人五〇元で貸し出していました。機を見るに敏なりです。

世界最大規模の自由市場、国際大バザールは二〇〇三年にウルムチ市天山区に開設されました。内外の観光客が買物に来る観光名所の一つです。ここでも漢族の店のほうが品揃えが豊富で、客あしらいもしたたかで商売上手な感じがしました。

一九九〇年一〇月にウルムチを訪れ

たときのことですが、水餃子が好きな筆者を友人が漢族経営の小さな店に連れていってくれました。大皿に山盛りになった小ぶりの羊肉餃子は柔らかくて豊潤な味でした。漢族の現地文化への適応力に舌を巻きました。ウルムチ市郊外農村のウイグル族農家で、お昼にごちそうになったジャガイモやニンジンなどをふかした素朴な味も忘れられませんが。

中国の少数民族自治区における民族間の摩擦は政治、経済、社会、歴史、宗教、文化、国際関係などの要因が複雑にからみ合っており、解決の糸口を見出すのは容易ではありません。

1　新疆の経済成長

†四グループの鉱工業企業

新疆の域内総生産（GRP）の年平均成長率は、改革開放以降、中国全体の成長率に劣らないスピードで成長してきました。四〇年近くの間、多くの年で一〇％を上回っています。二〇一七年の一人あたりGDPは中国全体の平均が五万九六六〇元です。新疆は四万四九四一元で、全国平均よりやや低いところにあります。少数民族自治区の中で比べてみると、内モンゴルの六万三七六四元や寧夏（回族）の五万七六五元に次いで第三位で、チベットの三万九二六七元や広西（チワン族）の三万八一〇二元を大きく超えています。

新疆が経済発展と産業構造の高度化を達成する上で重要な課題の一つとなるのは、第二次産業（鉱工業）の成長です。新疆の鉱工業企業は所有制と管轄の違いによって区分すると、大まかに次の四つのグループからなります。

一つめは中央国有企業です、石油・天然ガス採掘、石油加工・コークス・核燃料、非鉄金属加工、電力などの分野で大きな力をもっています。これらの中央国有企業に準ずるものとして、国有資産監督管理委員会が株式所有を通じて支配している国有株支配企業も含まれます。

二つめは、自治区、地区（州・市）、県（市）の政府が管轄する地方国有企業です。地方国有企業に準ずるものとして、地方政府が株式保有を通じて支配している地方国有株支配企業も含まれます。また、自治区、地区、県、鎮、郷が出資している集団所有制企業もこれに準ずる公営企業です。

三つめは、新疆生産建設兵団に属する兵団企業です。これは、政・軍と企業とが一体化した特殊な企業として位置づけられます。

四つめは、改革開放後に認められるようになった私営企業と外資系企業です。

二〇〇五年に自治区政府は「新型工業化」、生産建設兵団は「兵団工業化」という目標をそれぞれに掲げて、工業化を競い合っています。行政的に分断された企業管轄体制の下で、それぞれの系列が自らの利益の拡大を図るため、工場建設の重複と過当競争をまねいています。その結果、新疆の鉱工業は「散、小、乱」（分散、小規模、乱立）といわれる状態にあります。

たとえば、紡績工業の場合、自治区政府は七一綿紡廠、カシュガル（喀什）綿紡織廠、イリ（伊犁）毛紡織廠など、兵団は八一綿紡織廠、八一毛紡織廠などをそれぞれ所有しています。そのほかにも、奎屯《クイトン》市、アクス（阿克蘇）市、コルラ（庫爾勒）市などの地方政府も紡績企業を持っています。

新疆の鉱工業企業（一定規模以上）の中で、国有企業は新疆の鉱工業生産総額の六二％、税込み利潤の七七％を占めています（二〇一四年）。中央と地方の国有企業のシェアのきわめて大きいことがわかります。

中でも、石油・天然ガス採掘業と石油加工・コークス・核燃料加工業は中央国有企業が圧倒的な優位を占めています。

2 資源開発と収益分配の構造

†国家が握る石油・天然ガス資源

新疆はエネルギー資源に恵まれた地域です。二〇〇九年には天然ガスは全国産出量の二九％を産して、全国で第一位の地位にありました。原油は全国産出量の一三％（全国第四位）、石炭は二・六％（全国第一一位）を産しています。この状況は今なお変わらず、二〇一七年の天然ガス産出量は全国の第二位、石油産出量は第四位、石炭産出量も全国の第四位です。

このような資源の優位性に支えられて、新疆では石油・天然ガス採掘や石油化学工業が経済の中心をなしてきました。とりわけ石油・天然ガス採掘業は新疆経済の支柱であり、鉱工業付加価値の三七％、税込み利潤の四七％、付加価値税の三一％を占めています（『新疆統計年鑑』二〇一五年版）。

新疆において石油・天然ガス採掘業や石油化学工業の大規模企業はほとんどが中央国有

企業です。中央企業の場合、付加価値税の七五％、企業所得税の一〇〇％が中央財政に納められます。そうすると、新疆における資源開発でもうけを得るのは中央企業と中央財政です。新疆の収益分配において、「両頭大、中間小」（中央企業と中央財政の比率が大きく、地方財政の比率が少ない）という状況が生まれています。

図5－2は、新疆で石油・天然ガス企業の納めた税がどこのレベルの財政収入になるかを示したものです。それによると、新疆の石油・天然ガス企業が二〇〇九年に納めた税一五三・五七億元は、中央財政六六％、自治区財政六％、地区・市（州）・県財政二八％の比率で配分されています。多くは中央財政に納められていることがわかります。

地方政府や地域住民の側には、地元で産した資源であるのに、その収益や税が中央に持っていかれることに対する不満があります。また、資源開発のために耕地が占有され、環境が汚染されることや、立ち退き移転に対する補償が少ないことに対する抗議の声も強まっています（黄健英編『当代中国少数民族地区経済史』中央民族大学出版社、二〇一六年）。

二〇一〇年に新疆で資源税改革が試行されています。主として、原油・天然ガス税の改革をねらったもので、同年一二月には全国に広げられました。

新疆の原油・天然ガス税改革の要点は次の三つにあります。

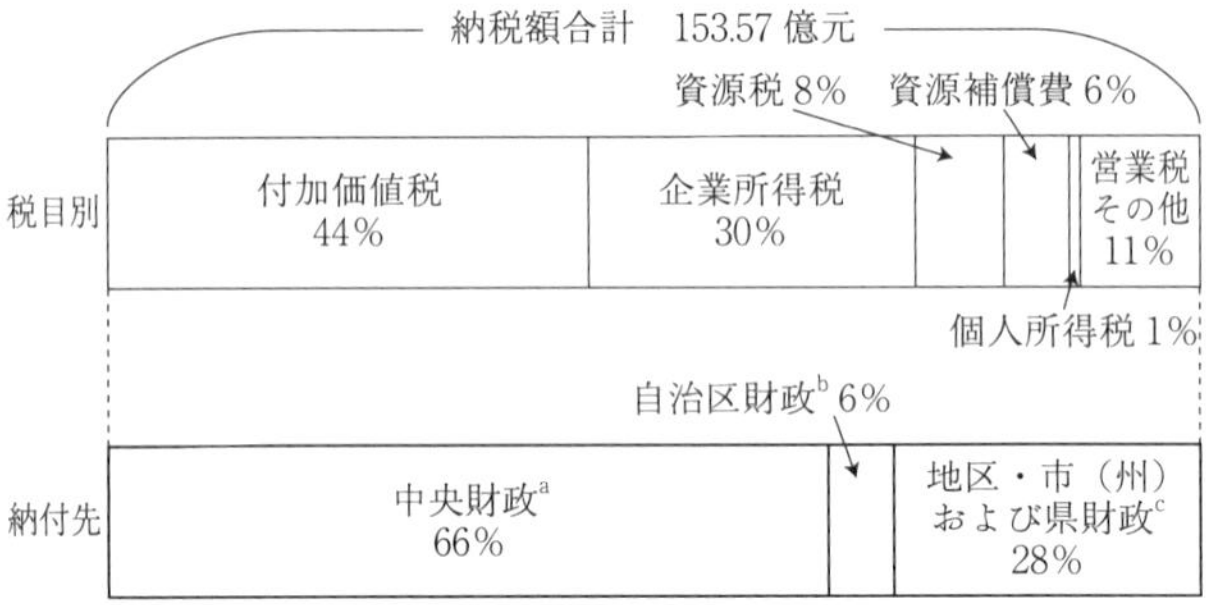

図5-2　新疆における石油・天然ガス中央国有企業の納税額の構成（2009年）

（注）各税の納付先は次のとおり。

a. 中央財政への納付（付加価値税の75%、企業所得税の100%、個人所得税の60%、資源補償費の40%）

b. 自治区財政への納付（資源税の75%）

c. 地区・市（州）および県財政への納付（付加価値税の25%、個人所得税の40%、資源税の25%、営業税その他の100%、資源補償費の60%と自治区からの還付分）

（出所）雷振揚ほか『社会転型期民族政策専題研究』民族出版社、2015年に基づいて筆者作成。

一つは、原油・天然ガス税を「採掘した石油・天然ガスの量に応じての課税」から「採掘した石油・天然ガスの金額に応じての課税」に変更したことです。新税率は五%とされました。

二つめは、中外合作企業から徴収していた鉱区使用料を資源統一税としてまとめたことです。

三つめは、低品位の資源の採掘や資源の回収率を引き上げるために、凝固した石油の採掘や三次採掘の石油に対する資源税を減じたことです。

資源税は地方の財政収入となるので、新疆にとっては利するところ大でした。二〇一〇年の新疆自治区財政の資源税収入は前年の一二億元から三二億元に増えています。

資源税改革は、自治区の下位にある一一地区・州の三三県・市にも及んでいます。二〇一〇年の資源税改革によりアクス地区のクチャ（庫車）県とバイ（拝城）県が最も大きな利益を得ました。

クチャ県はタリム盆地北部の石油・天然ガス構造帯の中心にあり、天然ガスの確認埋蔵量は二兆立方メートルで、タリム盆地全体の九〇％以上を占めます。石油の確認埋蔵量は二〇億トンで、タリム盆地全体の六六％以上を占めています。域内にはヤクラ、東河塘などの大油田・天然ガス田があります。

クチャ県で石油・天然ガスの開発・採掘を行っているのは、中国石油（CNPC）タリム油田分公司と中国石油化工（SINOPEC）西北油田分公司です。二〇〇七年、両分公司による石油採掘量は五〇〇万トン、天然ガス採掘量は一六億立方メートル、油井数は八三〇本を数えました。

クチャ県は新疆における県の中で、財政収入の規模が二番目に大きいところです。

資源税改革が試行されてのち、二〇一〇年七月〜二〇一一年六月におけるクチャ県の原油・天然ガス資源税収入は一〇・八億元で、前年同期の七倍に増えています。税改革前の石油・天然ガス資源税の占める割合は税収小計の三七・七％でしたが、税改革後は七六・七％を占めるに至っています。資源税改革がクチャ県の財政収入の増加に大きく貢献していることがわかります。

クチャ県の西北に位置するバイ県は「西気東輸」（西部のガスを東部に輸送する）プロジェクトの起点です。域内の天然ガス確認埋蔵量は三八四七億立方メートルになります。そのうち、カラス天然ガス田の埋蔵量は二八四〇億立方メートルで、全国最大の天然ガス田として「西気東輸」（西部地区のガスを東部地区に送る）プロジェクトの主要な担い手となっています。

他方で、石油、天然ガス、石炭及びその他の鉱産資源の大規模な探査・開発により、砂漠が活性化し、暴砂塵が吹き荒れ、土壌の浸食が激化するなど、新疆の自然環境は悪化しています。石油・天然ガスの開発過程で漏れた廃油、汚染水、排気ガスなどにより、環境汚染も進行しています。

新疆域内の油田は一千余カ所に上り、面積は一万平方キロメートルに及び、大型車輛が行きかって植生を壊し、工事現場で地表を荒らしています。しかし、石油・天然ガス資源は国家が専属の所有権をにぎっているので、地方政府には関与する権限はありません。地方政府の環境保護局や地質管理局もこのような「敏感な」問題には手を出したがりません。また、地方政府は石油部門との関係が悪化して、中央企業の投資が減ることを恐れています。そのため、中央の石油・天然ガス企業に対する地方政府の監督もゆるがせになりがちです。

資源開発は砂漠化をもたらす要因の一つであり、新疆は全国の省・市・自治区の中で砂漠化の進行が最も深刻です。二〇一四年の森林面積率は四%でしかありません。毎年、八五平方キロメートルの速さで砂漠化が進行しています。全区面積一六六万平方キロメートルのうち、オアシス面積は四%でしかなく、砂漠面積が四五%を占めるまでになっています（雷振揚ほか『社会転型期民族政策専題研究』民族出版社、二〇一五年）。

3　新疆財政の中央依存

†新疆への中央からの支援

中央政府は民族自治地区の政情や社会の安定を図るために、これまで財政補助や税制面で各種の優遇措置を講じています。新疆もそれらの優遇措置を享受してきました。新疆の二〇一四年の財政予算収入一二八二億元は財政予算支出全体の三九％を占めるにすぎません。支出の六一％は中央政府からの財政補助によってまかなわれます。新疆政府は財政面で中央政府に大きく依存しているのが現実です。

地方財政の中央への依存度は、（財政予算支出―財政予算収入）／財政予算支出で示されます。中央財政への依存度が高いのは新疆のみではなく、以下のように少数民族地区はおおむね高くなっています。チベット九〇％、寧夏六六％、新疆六一％、広西五九％、内モンゴル五二％であり、いずれも全国平均の四一％を超えています。

新疆の財政において、自治区レベルの財政が占める比率は支出の二六％です。残りは自治区より下級の地方政府で使用されます。

ウイグル族人口が多い南新疆地域の財政依存度を見ると、アクス地区六四％、クズルス・キルギス（克孜勒蘇柯爾克孜）自治州八八％、カシュガル地区八六％、ホータン（和田）地区九二％とかなり高い比率になっています。これらの地区は中央政府と自治区政府からの財政支援に大きく依存していることがわかります。

財政や税制面での優遇措置のほかに、新疆に対する支援には「対口（パートナーシップ）

支援」という方式もあります。これは中央政府の各官庁や東部の各地方政府が新疆の事業や対象地区を指定して、一対一で支援する制度です。

このパートナーシップ支援は一九七九年の全国辺境工作会議で初めて提起されました。一九九七年には北京、天津、上海、山東、江蘇、浙江、江西、河南の八省・直轄市と中央政府の各部局から二〇〇余名の漢族幹部が新疆に派遣されています。これは新疆の党・政府機関、事業単位、国有企業などにおける幹部、管理職、専門家、技師などの人材不足を補うためです。他方では、この措置は新疆の行政に対する漢族の影響力を強めることにつながります。

その後、新疆に対するパートナーシップ支援はさらに拡大していきます。二〇一〇年三月に北京で開かれた新疆支援全国工作会議において、人材、技術、経営管理、資金などの全方位的な支援を行うことが決定されました。北京と天津がホータン地区、上海と山東省と広東省がカシュガル地区、浙江省がアクス地区、江蘇省がクズルス・キルギス自治州のように、内地の一九の省・直轄市に対し、支援先が割り振られました。また、中央の部局でも教育部が教育支援、統計局が統計支援、衛生部が医療支援などに取り組んでいます。たとえば北京市の場合、支援の対象はホータン地区です。ホータン市のバラック小屋地区の改造一期工事、ホータン県における耐震住宅の建築工事、カラカシュ（墨玉）県の農業インフラ建設工事、ロプ（洛浦）県の人民医院病棟の建設工事、兵団第十四師の紅《べに》なつめ加工基地建設工事が具体的な支援項目となりました。広東省は深圳市とともに五年間で九六億元をカシュガル地区支援に投入する計画を立てています（劉林『新疆貧困地区扶貧開発機制研究』経済科学出版社、二〇一四年）。

†変容するパートナーシップ支援

このようなパートナーシップ支援のあり方も、市場経済化が進展する中で変容を迫られています。

第一に、市場経済の下で、支援する側と援助される側の双方に利益のあることが求められるようになりました。従来のような無償援助中心の形態では、支援する側に一方的に負担がかかるので、見直しを迫られています。

また、援助プロジェクトが往々にして、支援する側の地方政府指導者の「政績」（政治的業績）を上げるための形式的なものに陥りがちなところも問題です。

第二に、パートナーシップ支援において支援される側への配慮も求められるようになりました。

コルガス（霍城）県に建設された江蘇病院、江蘇中学、江蘇工業園区、ハミ地区の広東工業園区、ホータン地区の寧夏科技人材育成センター、紹興診療所、紹興農業科技モデル園区などは経済面や社会面での貢献は大ですが、施設や建物に支援する側の省や市の名前を冠することで地元の人々に肩身のせまい思いをさせている面もあります（黄承偉・王建民『少数民族与扶貧開発』民族出版社、二〇一一年）。

二〇一四年二月に新疆自治区党委員会は「民情を訪ね、民生に寄与し、民心を集める」キャンペーンを打ち出し、新疆の二〇万人の行政機関幹部を三年交替で農村に送り込むことを決定しました。この決定に基づき、たとえば新疆自治区工商局の幹部七人（女性二人を含む）は工作組（農村駐屯チーム）として、二〇一四年三月から南新疆のクズルス・キルギス自治州のアルトゥシ（阿図什）市ソンタク郷アムハン村に派遣されています。

アムハン村は農業を主とする郊外農村で六三八世帯三五六三人、流動人口二六一人からなります。一人あたり年収は五二五二元で、新疆の農民平均収入を下まわっています。幹部七人は村民委員会の事務室三つを宿舎として寝泊まりし、送電線の容量の拡大、小学校校舎の修繕、起業資金の融資申請、農産物加工業の育成、養羊場の建設、農民合作社（協同組合）の結成など、村内のあれこれを支援しています（『瞭望』二〇一四年四月二一日）。

南新疆のカシュガル地区葉城県のバシュトゴラル村は二七八世帯一二一七人の村民すべてがウイグル族です。識字率は一五％でしかなく、漢語のできる人は誰もいませんでした。この村に二〇一六年から農村駐屯チームが入り、幼稚園、小学校、中学校、コンピューター訓練校を設立しています（張麗君ほか『中国少数民族地区精准扶貧案例集』中国経済出版社、二〇一八年）。

二〇一七年にはこの取り組みは、新疆全体で農村駐屯八九一九チーム、派遣幹部五万人余の規模にまで拡大しています（『新疆藍皮書二〇一七〜一八年』社会科学文献出版社、二〇一八年）。

このような支援からは漢族幹部と現地住民との融合を図ろうとする中国政府の姿勢がうかがえますが、一過性のキャンペーンに終わっては思惑どおりの成果は期待できません。今後の持続性と現場の知恵が問われるところです。

4　対外開放の展開とその特徴

†対外開放による貿易の拡大

新疆は中国の西北端に位置し、モンゴル、ロシア、カザフスタン、キルギス、タジキスタン、アフガニスタン、パキスタン、インドの八カ国と国境を接しています。その地理的な位置と歴史的な伝統のゆえに、新疆の対外開放は国境を接する西方の国々との経済交流に重点を置き、独特の展開を遂げてきました。

新疆の対外開放は、一九七九年にウルムチ、石河子、トルファンなど一四の県・市の対外開放が中央政府によって認可されたことに始まります。

一九八六年には対外経済貿易部の認可を経て、新疆は旧ソ連の五つの共和国（カザフスタン、キルギス、タジキスタン、ウズベキスタン、トルクメニスタン）や辺境区などと国境貿易を行うことができるようになりました。

一九九二年からウルムチ対外交易商談会が毎年開かれるようになります。ウルムチ経済技術開発区、ウルムチ・ハイテク産業開発区、石河子経済技術辺境経済合作区が設立されました。

二一世紀に入ると、新疆の対外開放は全方位開放に向けて新たな段階に入ります。

二〇〇七年に国務院は「新疆の経済社会発展をいっそう促進するための若干の意見」を発し、新疆の対外開放を中央アジアに向けて拡大していく方針を示しました。二〇一〇年五月の党中央・国務院による新疆工作座談会でもその方針が確認され、二〇一一年にはウルムチ交易会をアジア・ヨーロッパ博覧会へと昇格させました。今では世界各国から五〇〇社を超える外国企業が参集しています。

二〇一四年五月には第二回新疆工作座談会が開かれ、「シルクロード経済帯」構想を推進していく方針が明確にされました。これは二〇一三年九月に習近平が打ち出した「一帯一路」構想の一環です。新疆は陸路のシルクロード経済帯の中心として位置づけられています。

対外開放政策に転換してから、新疆の貿易は著しく発展してきました。二〇〇一年からの一四年間だけでも輸出は二〇倍、輸入は四倍、貿易総額は一二倍に増えています。

新疆の貿易構造の特徴として第一に指摘できるのは、国境貿易の比重が高いことです。国境貿易は輸出の五五％、輸入の三三％を占めています。国境貿易の占める比重が大きいことと照応して、新疆の貿易主体として私営セクターの役割が大きくなっています。私営セクターの貿易額は新疆の貿易総額の七九％を占めています。国有セクターは二〇％にすぎません。

貿易構造の第二の特徴は、輸出は軽工業製品の比率が高く、輸入は原油の比率が高いことです。二〇一四年でみると、主な輸出品目はケチャップ、機械織りの綿織物などです。ケチャップや綿織物などは新疆で生産される農産物を原料とした単純な加工製品であり、工業化の水準は高くありません。

輸入品目では原油と製品油が群を抜いています。新疆の石油産出量は中国のトップ・クラスであり、内地にも供給していますが、同時に新疆は石油の輸入もしているのです。

貿易構造の第三の特徴は、主要な貿易相手が中央アジアの国々だということです。一位から順に挙げると、カザフスタン、キルギス、タジキスタンと中央アジア諸国が並んでいます。その次の四位に中東のイランが入りますが、五位に再び中央アジアのウズベキスタンが来ています。中央アジア五カ国全体では六三％と圧倒的な比重を占めており、これらの国々との共存共栄の関係は新疆経済にとって極めて重要であることがわかります。

†外資導入と観光業

経済分野における対外開放には、貿易のほかに外資導入と観光業があります。

新疆においても、外資導入と工業化を促進するための中心的な政策は他の地域とおなじく、開発区や工業園区の設置です。新疆には、中央政府が認可した国家級開発区が一九ヵ所、自治区政府の認可した自治区級開発区が六四ヵ所あります。

そのうち、国家級の開発区の所在地は次のとおりです。

経済技術開発区：ウルムチ、石河子、コルラ、奎屯・独山子、アラル、五家渠、准東、ウルムチ甘泉堡

ニューハイテク産業開発区：ウルムチ、昌吉

経済開発区：カシュガル、コルガス（霍尔果斯）

辺境経済合作区：チュオチェク（塔城）、グルジャ（伊寧）、ボルタラ（博楽）、ジェミナイ（吉木乃）

中国・カザフスタン国際辺境合作中心：コルガス（霍尔果斯）

輸出加工区：ウルムチ

総合保税区：アラ山口

このように政策面で外資導入を奨励しているものの、新疆の外資導入はまだ小さい規模にとどまっています。二〇一五年末の外資系企業の登記資本総額のうち、外資側の金額は全国が二兆七五七億ドルですが、新疆は三六億ドル（〇・二％）でしかありません。

観光業は民族紛争やテロ勃発などによる不穏な情勢の影響を受けやすい産業です。それにもかかわらず、新疆の観光業は全体の傾向としては成長しつづけています。二〇〇〇年と二〇一四年を比べてみると、外国人観光客は二六万人から一五〇万人へと約六倍に増えています。その中では、日本からの観光客は五万二〇〇〇人から七〇〇〇人へと大幅に減ったものの、中央アジア諸国からの観光客は七万七〇〇〇人から一二五万七〇〇〇人へと激増しています。

中国国内から新疆への観光客の規模はケタ違いに大きく、二〇〇〇年の七五八万人から二〇一四年には四八〇三万人へと六倍余に増えています。

前出のカナス国家級自然保護区は新疆北端に位置し、モンゴル・ロシア・カザフスタンとの国境に近い著名な景勝地です。国家旅遊局から最高ランクの5Aに認定されています。国家林業局が二〇一三年に展開した「中国で最も美しい森林観光景観区推薦キャンペーン」でも、一三〇余の森林観光景観区の中からトップ・グループに選ばれました。

二〇一五年九月に筆者がカナスを訪れたときには、自然観光遊覧区域内への観光客の入場制限をするほど、人、人、人であふれかえっていました。前述したように、初雪が降って凍えるような寒さであったのにもかかわらず、区域内遊覧用の各バスは満員でした。観光案内所やレストランなどの各施設は、外観こそ立派に整っていましたが、中にトイレがなく、建築中の小学校のトイレを使わねばなりませんでした。水洗ではありません。一九七〇年代初めに友人たちと穂高に登ったとき、ふもとの上高地で見たトイレのことを思い出しました。そこも汲み取り式のトイレでしたが、筆にしがたい惨状でした。二〇一七年から中国では習近平の号令下に「トイレ革命」を進めていますが、許容量を超えた観光客が押し寄せれば、どこの国や地域でも同じことが起こります。

翌日、空港から観光地に向かう道路では、路面の凍結で動きのとれなくなった大型バスが五〇台以上も列をなして、渋滞をひき起こしていました。「オーバーツーリズム（観光公害）」ということばが実感をもって迫ってきます。筆者もその一人として加担していたことになるのですが……。

二〇一四年の国内観光客からの収入六二〇億元（約一兆円）は、新疆の社会消費品小売り総額（消費財の小売り総額であって、サービスの売上は含まれない）の四分の一に相当しており、既にかなりの規模に達しています。新疆経済にとって観光は主要な産業の一つとなっています。

それに対し、国外観光客（香港・マカオ・台湾を含む）からの収入五億ドル（約五五〇億円）は新疆の輸出額二三五億ドルの二％に相当するにすぎません。国外からの観光客をいかに増やしていくかは新疆経済にとって重要な課題の一つです。

ここで留意しておかなければならないのですが、観光産業が盛んになったからといって、必ずしも地元住民を潤すわけではありません。観光収入の大部分が内地の大手旅行社や大資本のホテルなどに流れたり、ウイグル族の民族舞踊ショーの名をかたって漢族の踊り子が演じたりすることもあるからです。

5 新疆生産建設兵団の地位と役割

†生産建設兵団とは何か

新疆は黒竜江省と並んで辺境防衛の要衝地であり、生産建設兵団の数が多いことでも知られています。新疆の経済構造を論じる上で、兵団の地位と役割を見過ごすことはできません。

新疆生産建設兵団は一九五四年に設立されました。同年一二月五日の兵団成立大会において新疆軍区政治委員代理の王恩茂も述べているように、兵団は人民解放軍新疆軍区の管轄下にあって、辺境地区の経済開発と軍事防衛の二重の任務を負っています。兵団はまた、「党政軍企」(党・政府・軍・企業)の四位一体化した組織でもあります。

兵団の設立当初の人口は一八万人で、そのうち漢族が一七万人(九六%)を占めていました。二〇一〇年の第六回人口センサスによると、兵団の総人口は二六一万人に拡大し、そのうち漢族が八六%、少数民族が一四%になります。

生産建設兵団は一九七〇年代に下放青年の都市帰還の流れもあって、一時的に衰退します。しかし、一九八一年に保守派長老の王震が新疆生産建設兵団の再興を建議し、鄧小平の同意を得てから、再び勢いを盛り返していきました。

生産建設兵団の軍としての組織は、兵団―師(師団)―団(連隊)―営(大隊)―連(中隊)となっています。改革開放後は経済建設部隊としての性格が強まっており、団と同格の権限をもつ農牧場や建設隊・公司の数も増えています。

兵団の設立当初はゴビ砂漠や辺境の荒地を開墾して農場や牧場を建設するのが主でしたが、次第に工業化を進め、今では食品加工、紡績、鉄鋼、石炭、建築材料、電力、化学工業、機械などの工業体系をもつようになっています。さらに、教育、科学技術、文化、衛生、観光などの第三次産業も発展してきました。

二〇一五年の兵団の産業構造をみると、域内総生産は第一次産業二二%、第二次産業四六%、第三次産業三二%と農牧業以外の産業が中心となっています。就業構成も、第一次産業二六%、第二次産業三〇%、第三次産業四四%と同様の傾向にあります。

兵団の人口は新疆全体の一二%にすぎないのに対し、域内総生産は二一%、輸出は五五%と、経済面では大きな地位を占めています。

兵団には第一師から第十四師までありますが、各師の規模はさまざまです。最も人口の少ないのは第十四師(本部駐屯地はホータン市)で、人口は約四万人です。最も人口が多いのは第八師(本部駐屯地は石河子市)で、人口は約六二万人を数えます。多くの師は漢族が圧倒的比率を占めています。漢族の比率が低いのは南新疆にあるカシュガルの第三師とホータンの第十四師で、漢族はそれぞれの人口の四四%と三三%を占めています。

二〇一三年の新疆生産建設兵団の本部組織は党委書記や常務委員など二〇人で構成され

ています。そのうち、カザフ族、回族、ウイグル族の常務委員は一人ずつで、残りはすべて漢族です。

二〇一五年の兵団の総人口は二七七万人で、新疆ウイグル自治区人口の一二%を占めています。兵団総人口のうち、団場（農場・牧場）に属する人口が一八〇万人です。残りの九七万人は都市居住人口です。

†兵団内外の格差問題

兵団と他の新疆住民との所得格差は民族摩擦の要因の一つです。一人あたり所得は兵団の住民のほうが高く、都市も農村も新疆全体の平均を上回っています。二〇一三年の兵団の農牧場労働者世帯一人あたりの純収入一万四千元は新疆の農民世帯一人あたりの純収入七千元の約二倍です（『新疆統計年鑑』、『新疆生産建設兵団統計年鑑』）。

兵団の間にも地域格差が存在します。南新疆のカシュガル地区の第三師やホータン地区の第十四師は北新疆の各兵団に比べて経済発展が遅れています。

また、同じ兵団の中でも民族によって就労形態に違いがあります。

龍開義らのグループは、二〇〇七〜二〇一〇年に北新疆の石河子市に本部を置く第八師の一四三団と一三三団でフィールドワークを行っています（『新疆生産建設兵団第八師少数民族経済社会調査』民族出版社、二〇一四年）。

一三三団の第九連隊における二〇〇八年の請負経営制の実施状況（一人あたり経営面積二ヘクタール以上のもの）をみると、漢族は兵団の労働者四〇人全員が請負経営に参加し、一人あたりの請負面積は二〜四ヘクタール二四人、四・七〜六・七ヘクタール一二人、一〇ヘクタール三人と比較的大きな規模で経営しています。彼らは内地で農耕に従事した経験があり、農作の技術水準も高く、農作業にも慣れています。中には、河南省や甘粛省からわざわざ請負経営に参加するために第九連隊に来た者もいました。

それに対し、回族は七人中七人が請負経営に参加していますが、経営規模は二〜四ヘクタール三人、四・七〜六・七ヘクタール二人でした。また、ウイグル族は四六人中二二人しか請負経営に参加していません。経営規模も二〜四ヘクタール一六人、四・七〜六・七ヘクタール一人、一〇ヘクタール一人とあまり大きくありません。

兵団のウイグル族は請負経営への入札参加に積極的ではなく、秋季に綿花摘みの労働者として働く者が多いといいます。

6　地域格差と貧困の要因

†漢語ができないことがハンディキャップに

新疆の経済発展の中心をなしてきたのはウルムチ市を中心とした天山山脈北部の丘陵地帯です。それに対し、石油・天然ガス・石炭などの地下資源に恵まれているのは南新疆地域ですが、農村の貧困人口が多いのもこの地域です。

二〇一一年基準に基づくと、新疆自治区の貧困人口は七二万世帯、三二九万人になります。そのうち、三〇の脱貧困重点県の貧困人口は貧困人口全体の七〇%を占めています。

これらの貧困人口の多くは、以下の二つの地域に集中しています。

一つは南新疆地域です。タクラマカン砂漠地帯やその周辺にあって、主としてウイグル族などの少数民族が住んでいます。農村貧困人口の九五%が南新疆に集中しており、そのうち、少数民族が九九%を占めています。

とくに国家級の脱貧困重点県二七県のうち、一九県は南新疆の西南部のカシュガル地区、ホータン地区、クズルス・キルギス自治州に集中しています。

もう一つは北新疆のアルタイ山脈を中心とする高地寒冷の農牧業地区です。主としてカザフ族などの少数民族が住んでいます。

二〇一六年の新疆の農民一人あたり純収入は一万一八三元でした。全国平均は一万二三六三元です。これだけでも、新疆と内地との所得格差がうかがえますが、南新疆西南部の農民はそれよりさらに低く、七八六八元でした。これらの農民の収入は全国の農民平均のおよそ六割に留まっています。

『新疆調査年鑑』二〇一五年版によると、脱貧困重点県の民族構成（二〇一二年）は少数民族九五％、漢族五％です。そのうち、漢語のできる少数民族は地区全体人口の一七％を占めるにすぎません。南新疆の西南部の貧困県に限ってみると、少数民族が一〇〇％を占め、漢語のできる人は一三％だけです。

漢族の雇用主が農民工を雇うとき、最低限の条件として漢語がわかることを要求します。少数民族の人たちにとって、漢語ができないことは就業や賃金の面でのハンディキャップとなっています（戴寧寧『民族交往心理及影響因素――対南疆維漢民族交往的民族学考察』社会科学文献出版社、二〇一五年）。

中国政府は「教育の長期発展計画（二〇一〇～二〇年）」において、少数民族地区でバイリンガル教育を推進し、バイリンガルの教師を育成していく方針を打ち出しています。また、国務院の「民族教育の発展に関する決定」（二〇一五年）でも、内地の大学の民族クラス卒業生を民族地区の農村小中学校へバイリンガル教師として送り込む方針を出しています。

そうした方針の下で、バイリンガル教育を普及させている地域もあります。たとえば二〇一四年、新疆ホータン地区のチラ（策勒）県の就学前教育におけるバイリンガルのクラスは一六九クラスで、総数の九三％に達しています。義務教育になって以後の段階でも小学三三二クラス、中学三二クラス、高校一七クラスで、全体の六二％のクラスに広がっています。

バイリンガル教育の普及のスピードは速く、成果も出てはいるものの、少数民族の生徒の中には、進学や就職に有利だという理由で、漢語を第一言語とみなす者までいるという行き過ぎの問題も起きています。

7　集団出稼ぎと漢族の流入

†出稼ぎが進まない理由

中国が改革開放に転じてから、農村から都市への出稼ぎは大きな流れとなっています。二〇一五年の流動人口は、二・五億人になります。これら流動人口のうち、三千万人が少数民族で、その大部分の行き先は東部の沿海地区に集中しています。

少数民族の間でも、民族の違いによって、出稼ぎに積極的な民族とそうでない民族とがあります。

二〇一〇年の第六回人口センサスのデータに、外来の少数民族が住民登録した地区に関するものがあります。ウイグル族の外来人口（六ヵ月以上居住）は合計で八一・五万人ですが、そのうち、同じ県・市内で移住した者五三％、同じ自治区・省内で移住した者が四二％を占めています。他の省・直轄市・自治区へ出ていった者は五％でしかありません。

ちなみに、他の少数民族について、他の省・直轄市・自治区へ移住した比率をみると、モンゴル族一六％、回族二二％、苗族五三％、壮族三四％などとなっており、ウイグル族よりずっと高い比率です。チベット族の場合でも移住人口五一・八万人中、七・三万人（一四％）が他の省・直轄市・自治区へ移住しています。他の少数民族に比べ、ウイグル族は新疆自治区から外へあまり出ていないことがわかります。

このような状況の下で、南新疆の西南部では農村貧困対策の一つとして、農民の出稼ぎを奨励しています。「一人が出稼ぎに行けば、一家が潤い、その地域全体を引っ張り、豊かにできる」というスローガンを掲げて、組織的に技術研修や就業支援を行っているのです。

カシュガル地区でも、政府主導で地区、県・市、郷・鎮それぞれのレベルに支援所を設け、出稼ぎ労働を推進しています。

南新疆の西南部からの出稼ぎ労働があまり進まない理由として、次の三点が指摘されています（喩暁玲・朱葉『社会穏定視角下的新疆南疆地区経済発展研究』中国農業科学技術出版社、二〇一六年）。

出稼ぎが進まない理由の一つめは、住民の多くが住み慣れた土地を離れたがらない、既婚の女性は家庭の外に出てはならない、結婚はイスラム教の信者同士でなければならないなど、伝統的な観念や宗教上のきまりによるものです。

二つめは、言語や習俗による制約です。二〇〜四〇歳の農村余剰労働力のうち、漢語のできる者は少しです。ホータン県では七四％が小学卒で、高卒以上は一二％しかいません。

食習慣の違いやモスクでの礼拝という宗教的な戒律の影響もあります。

三つめは、就業先が限られていることです。二〇一一年のカシュガル地区全体の出稼ぎ労働者は五五万人（総人口の約八分の一）を数えましたが、そのうちの七割は同じカシュガル地区内での移動に留まっています。彼らの主な就業先は、サービス業、小商店、綿花摘みが六六％、臨時工や日雇いが一三％でした。

出稼ぎに行く者が増えれば、農村の地域共同体の絆が弱まっていきます。しかし、現代の市場経済の下では、現金収入がなくては生活が成り立ちません。とくに南新疆の貧困農村では他に手っ取り早く現金を得る手段はありません。そういう意味では、地方政府が農民を組織的に送り出す方法は、個々の農民がバラバラに出て行ったり、民間ブローカーが暗躍したりするよりは、農民からすればまだ安心して出かけられるといえます。

†漢族の流入拡大

新疆から外省への出稼ぎが進まないのに対し、新疆への漢族の流入は拡大しています。建国後の一九四九年には漢族はわずか二九万人で、新疆の総人口の七％にすぎませんでした。ところが、六十数年後の二〇一二年には漢族は八四七万人に達し、自治区総人口の三八％を占めるまでになりました。流入した漢族の多くは天山山脈以北の北新疆に集中しています。

他方で、天山山脈以南の南新疆では総人口九〇二万人のうち、ウイグル族が八七％と圧倒的割合を占めています。漢族は一〇六万人と、一二％でしかありません。しかも、漢族の多くは都市部や兵団の管轄区に集中して住んでいます。

新疆への移民の流入には、次の三つのピークがありました。

第一のピーク時（一九四九〜六一）には一八八万人の純流入がありました。そのうち、漢族が九五％を占めています。主に退役軍人の復員、青壮年の移住、自主移民、政府派遣などです。その中には、労働改造の目的で労働改造農場や軍墾農場に送られた者もいます。一九五〇年代から八〇年代初めまでで、労働改造のために送られた人数は一〇万人になるという推計もあります（劉丹『新疆移民問題研究』上海三聯書店、二〇一八年）。

第二のピーク時（一九六四〜八〇）には自治区外からの純流入人口は一五〇万人でした。そのうち、漢族が八五％を占めています。しかし、改革開放後の一九八一年から純流出に転じ、一九八九年までに二五万人が自治区外へ流出しました。下放知識青年の原籍への帰還や内地経済の発展などがその背景にあります。

	カシュガル地区	ホータン地区	クズルス・キルギス自治州	アクス地区	新疆全体
	万人	万人	万人	万人	万人
総人口	448.8（100％）	225.8（100％）	59.6（100％）	253.1（100％）	2322.6（100％）
ウイグル族	412.5（91.9％）	217.4（96.3％）	38.8（65.1％）	201.7（79.7％）	1127.2（48.5％）
漢　族	29.7（ 6.6％）	7.9（ 3.5％）	4.3（ 7.2％）	47.9（18.9％）	859.5（37.0％）
その他の民族	6.6（ 1.5％）	0.5（ 0.2％）	16.5（27.7％）	3.5（ 1.4％）	335.5（14.5％）

表 5-2　南新疆の３地区・州とアクス地区における民族構成（2014 年）
（出所）『新疆統計年鑑』2015 年版。

第三のピークは一九九〇年以降です。新疆への移民の流入率は、広東、北京、上海に次ぐ高いものでした。九〇年代に内地から新疆に移入してきた靴職人、大工、左官、裁縫、修理工などは二〇〇余万人に上ります。

南新疆でも漢族移民の流入はみられますが、その数は多くありません。

表５－２は南新疆の各地区の人口に占めるウイグル族の比率を示したものです。それによると、カシュガル地区九二％、ホータン地区九六％、クズルス・キルギス自治州六五％（ウイグル族を含むすべての少数民族の比率では九三％）、アクス地区八〇％です（二〇一四年）。新疆全体の人口二三〇〇万人に占めるウイグル族の比率はほぼ半分ですから、南新疆ではウイグル族が大多数を占めて

いることがわかります。

南新疆の農村でも改革開放後に農家の請負経営が実施されるようになりました。請負制の下で、南新疆の農村の耕地は「契約地」と「商品地」とに分けられています。

契約地は、その村の戸籍を持つ農民に分配して、耕作を請け負わせる土地です。

もう一つの商品地は荒地や開墾地で、入札を通じて、より高い請負価格を提示した農民に開墾や耕作を請負わせる土地です。カシュガル地区マラルベシ（巴楚）県阿郷の例では耕地一万ヘクタールのうち、契約地は三分の一にすぎません。残りの三分の二はすべて商品地で、一ヘクタールあたりの請負価格は最高七五〇〇元から最低三〇〇元まで大きな幅がありました。

契約地にしろ、商品地にしろ、請負権を獲得した農民は請負った耕地を自分で耕作するとは限らず、又貸ししたり、他人に耕作させたりしています。

漢族の農民はウイグル族の村やウイグル族の農民から荒地の請負料（地代）を支払って、荒地を開墾する権利を得ます。これ自体は市場を通じた対等な取引です。ところが、漢族は土地や水資源の利用、農業機械の使用、ローンの利用などの面で知識や経験があり、それらの運用に習熟しています。彼らは長期にわたる請負期間中に荒地を開墾して農地に転換し、それを又貸ししたり、農民を雇って耕作させたりして、大きな利益を得ます。

商品地の請負面積は広大なので、農繁期には大量の農業労働力を雇い入れなければなりません。請負経営者となった漢族農民は一九八〇〜九〇年代には内地から自分の親戚や同郷の者など漢族の農民を雇い入れていましたが、今ではウイグル族の農民を雇い入れるのが一般的になってきています。マラルベシ県英也爾村《インイエアル》（漢族の村）では、二〇〇九年にウイグル族の農民一三〇〇人が雇い入れられ、彼らは綿花摘みなどの労働に従事しています（李暁霞『新疆南部郷村漢人』社会科学文献出版社、二〇一五年）。

元はといえば、自分たちが先祖代々暮らしてきた土地なのだから、漢族農民に雇われるウイグル族農民の側に屈折した思いがないわけではありません。しかも、ウイグル語のわからない漢族の経営者と漢語のわからないウイグル族農民との間では意思の疎通も思うようにはいきません。国家が進める急激な農村の制度変革と開発によって経済の市場化のほうは急速に進展していくのに対し、それに必要な知識や情報の共有のほうはなかなか追いついていません。

†新疆経済のトリレンマ

国家は富強をめざし、経済の成長と国民統合を追求します。その過程で、中央政府と民族自治区政府との間には協力関係もあれば、管轄権限や財政収入の分割をめぐっての綱引きもあります。

市場には経済開発を促し、効率を競い合わせる機能があります。他方で、同じ企業同士であっても中央企業と地方企業との間、国有企業と私営企業との間では競争条件が異なり、必ずしも公正な市場競争が実現されているわけではありません。

民族が共生するには公正なルールと機会の平等が保障されねばなりません。市場の自由競争は形式的には平等な機会を与えているように見えながら、実は弱肉強食の世界でもあります。市場経済において、歴史、文化、教育、人脈、使用言語などの賦与された諸条件の違いによって民族間に実質的な不平等が生じるのは避けられません。

国家と市場と民族共生という三つの原理はそれぞれの内部に発展の動力と矛盾をはらみながら、互いに協調し合ったり、排除し合ったりする関係にあります。新疆の経済構造はそういうトリレンマを抱えています。

第 6 章

中国の対外経済戦略と日米中関係

——日本にアジア・ビジョンはあるか

華為を世界的IT企業に育てた任正非

アメリカのミシガン州生まれで、日本在住の詩人、アーサー・ビナードは、「香港、一九九五年」と題する詩で、次のように書いています（『釣り上げては』思潮社、二〇〇〇年）。

九龍のホテルのバーで
ツアー仲間の日本人とスコッチを飲みながら
経済大国日本の黄昏
中国の夜明けなどを
夜更けまで論じ合った。
もう暮れてしまったアメリカの
パスポートを持つぼくの主張は
ただ「黄昏の方がきれいだ」というもの。

アーサー・ビナードがこの詩を書いてから、すでに二〇数年が経過しています。日本は今や「日の沈んだ国」であり、中国は「日が真っ盛りの国」とまで言われるようになりました。果たしてほんとうに「盛んにしてやむことのない」中国より、「黄昏《たそがれ》」や「日没」

の日本のほうが魅力的だといえるのでしょうか。

本章では、互いに反発しあいながらも連携を強めつつある米中関係の実態を踏まえた上で、日本はどのようなアジア・ビジョンを描いていったらよいかについて考えてみたいと思います。

1　中国の対外経済戦略

†外資導入と「一帯一路」構想

中国が鄧小平の主導下に対外開放に転換し、積極的に貿易の拡大と外資導入を推進してきたことは周知のところです。

一九七九年には深圳、珠海、汕頭《スワトー》、廈門《アモイ》を「経済特区」として認定し、外資の誘致に踏み切りました。一九八八年に打ち出された趙紫陽の「沿海地区経済発展戦略」や一九九二年の鄧小平の「南巡講話」も中国への外資の進出や貿易の発展を促しました。

中国のＧＤＰの拡大には、対外開放政策による国際経済とのつながりが大きな役割を果たしています。二〇一六〜二〇一七年の中国の貿易依存度（貿易額／GDP）は三四％とすこし下がってきましたが、二〇一〇〜一一年には五〇％に達していました。人口の多い国々、たとえばアメリカの二〇％、インドの二八％、日本の二五％（二〇一六年）などと比べてみれば、中国の貿易依存度は相当高いことがわかります。

また、中国の積極的な外資導入政策の下で、多くの外国企業が対中投資を行っています。中国に進出している外資企業は五四万社を数え、投資総額は六・九兆ドルになります（二〇一七年）。鉱工業企業だけに絞ってみると、一〇〇％外資、合弁、合作経営からなる外資系企業（香港・マカオ・台湾企業を含む）の数は四・七万社で、鉱工業企業全体の一三％にすぎませんが、売上高は二二％、利潤額は二五％を占めています（『中国統計年鑑』二〇一八年版）。

中国商務部が毎年出版している『中国外資統計』によると、暦年の中国の貿易額のおよそ半分は外資系企業が占めています（たとえば二〇一二年四九％、二〇一七年四五％）。

二〇一二年に登場した習近平政権はGDPが世界第二位という経済力に支えられて、拡張的な対外経済戦略を採用しています。対外的なパフォーマンスにも積極的で、「一帯一路」というアジアとヨーロッパをつなぐ巨大経済圏構想を提起しました。二〇一九年三月にＧ７（主要七カ国）の中で初めて参加したイタリアを含め、一二六カ国と二九の国際組織が覚書に署名しています。

†観光振興とＡＩＩＢ

「一帯一路」構想と観光振興との関連も見のがすことはできません。習近平主席は二〇一三年九月のカザフスタン訪問、一〇月のインドネシア訪問に際して、「一帯一路」構想を提起しました。二〇一五年三月に国家発展改革委・外交部・商務部は共同で「一帯一路のビジョンと行動」を発表し、その中で観光協力と観光規模の拡大という方針を打ち出しました。二〇一七年五月に開かれた「一帯一路」国際シンポジウムにおいても、習近平は「歴史的文化遺産を活用し、シルクロードの特色をもつ観光商品や遺産の保護を共同して打ち出していこう」とスピーチしています。

二〇一七年四月には中国、ベラルーシ、ドイツ、カザフスタン、モンゴル、ポーランド、ロシアの七カ国でヨーロッパへの列車共同運行協定が調印されました。沿線七〇カ国余と相互ビザ免除協定を結び、また一四カ国との間でビザ手続きを簡素化しています。同年九月にはＵＮＷＴＯ（国連観光機関）の第二二回全体会議が成都市で挙行されました。そこでは、各国の観光省トップによる「一帯一路」円卓会議も開かれています。

二〇一五年に中国主導で設立されたアジアインフラ投資銀行（ＡＩＩＢ）は、本部が北京に置かれています。アジア地域のインフラ開発・整備のための資金を融資するもので、一帯一路構想と密接なつながりがあります。

アメリカと日本はＡＩＩＢへの参加を拒否していますが、東南アジア諸国、インド、ロシア、イギリス、ドイツ、フランス、スウェーデンなど、アジアやヨーロッパの多くの国々が参加を表明しています。二〇一八年末までに加盟国は九三ヵ国に達しています。

一帯一路構想やＡＩＩＢに対しては、中国の覇権主義の現れであるとか、途上国を借金漬けにしてインフラを乗っ取ろうとするものであるとかの外国からの批判的見解もあります。

それに対抗して、清華大学の当代国際関係学院院長の閻学通に代表されるように、世界の権力の中心がヨーロッパやアメリカから中国が主導権をもつ東アジアへ移行しつつあると主張する学者も出てきています（『世界権力的移行――政治領導与戦略競争』北京大学出版社、二〇一五年）。

今後もアメリカや日本が一帯一路やＡＩＩＢへの参加を拒否しつづけたとしても、アジアやヨーロッパの多くの国々は一帯一路やＡＩＩＢに賛同しているので、長期的には中国の対外経済戦略が伸張していくことは確かです。

2 「米中貿易戦争」の意味するところ

†最大の「貿易戦争」

二〇一九年三月に中国の第十三期全人代第二回会議が開かれました。李克強首相による政府活動報告はさらなる経済的躍進を高らかに唱えるでもなく、また新たな構造改革の推進を積極的に打ち出すでもなく、慎重な姿勢に終始しました。

そこには、米中貿易摩擦が中国経済に及ぼす影響を懸念し、できるだけアメリカを刺激したくないという中国指導部の思惑がありました。そのことは、政府活動報告が中国のハイテク産業育成戦略である「中国製造二〇二五」にひとことも触れなかったことからもうかがえます。

二一世紀に入ってから米中間の経済摩擦はずっと続いていましたが、それが極端に顕在化したのは、アメリカのトランプ政権の登場と密接にかかわっています。

「アメリカ・ファースト」を掲げるこの大統領は、二〇一七年八月に中国の技術移転、知的財産権などの問題について米通商法スーパー三〇一条に基づく調査を命じています。翌二〇一八年三月には、中国とEUから輸入する鉄鋼とアルミ材に対し、それぞれ二五％と一〇％の追加関税を課すことを発表しました。これが米中貿易摩擦問題の始まりです。

四月には、アメリカは貿易摩擦の対象をハイテク製品に拡大し、中国から輸入する航空、宇宙、情報通信技術などのハイテク産業の一三〇〇品目に対して二五％の追加関税を課すと発表しました。つづいてアメリカ政府は、中国の中興通訊（ZTE）に対して部品、ソフト、技術を七年間輸入禁止にする措置を取っています。

さらに七月にアメリカは「中国製造二〇二五」に入っているハイテク産業を輸入制限の対象とし、中国から輸入する五〇〇億ドル相当の一一〇二品目に対し、二五％の追加関税を課したのです。それに対し、中国も報復措置として、大豆や自動車や医療器械などアメリカからの輸入品に二五％の関税を追加しました。

その後も、アメリカと中国は互いに追加関税品目を増やし合って、反目を強めてきました。二〇一九年五月には、追加関税の応酬は第四回目を数え、ほぼ全品目が対象として含まれるまでになっています。

この二〇一七年から現在に至る米中間の貿易摩擦問題は、中国が改革開放に転じてからの四〇年間のうちで最大の「貿易戦争」といわれるまでになっています。

†ハイテク産業における米中の主導権争い

なぜアメリカは中国のハイテク製品に対して、このように厳しい輸入制限措置を講ずるに至ったのでしょうか。その背景には、次のような米中間のハイテク産業戦略における主導権争いがあります（劉威論文『東北亜論壇』二〇一九年第二期）。

第一に、アメリカの輸入制限の対象品目は、二〇一五年に中国が「製造強国」をめざして発布した「中国製造二〇二五」戦略と密接な関係があります。

「中国製造二〇二五」が重点産業として指定したのは、①新世代情報技術、②ハイエンド・デジタル制御工作機械とロボット、③航空宇宙設備、④海洋エンジニアリング設備とハイテク船舶、⑤先端鉄道設備、⑥省エネ・新エネ自動車、⑦高効率の発電・送電・変電設備、⑧農業機械、⑨新素材、⑩バイオ医薬と医療器械、の一〇分野です。

「中国製造二〇二五」は短期的には在来製造業の生産性の向上や自動化の実現を目標にしているものですが、将来的にはハイテク産業の育成に重点を置いています。中国はこれに基づき、二〇一八年からハイテク産業支援政策に本格的に着手しました。

このような中国の動きにアメリカ政府が強く反発し、同年六月に情報通信技術、航空宇宙設備、海洋エンジニアリング設備、新エネルギー設備、デジタル制御工作機械、工業用ロボット、新素材、バイオ医薬品、高速鉄道設備、医療器械、農業機械などのハイテク製品に対し、中国からの輸入を制限することにつながったのです。

二〇一七年以前の段階では、アメリカの対中貿易規制の主な品目が電気機械、繊維、鉄鋼などであったのを考えると、今回の輸入制限措置からトランプ政権の意図がどこにあるかがわかります。しかも、それまでアメリカが規制していたのは中国へのハイテク製品の輸出であって、中国からの輸入ではありません。

アメリカが中国のハイテク製品に対して輸入制限をするようになった第二の理由は、情報通信機器の分野でアメリカの対中貿易赤字が肥大化しているからです。

中国の民間シンクタンクの華夏幸福産業研究院の整理したデータによると、米中間の情報通信分野の貿易収支はアメリカの赤字で、赤字額は二〇〇四年の八一一億ドルから、二〇一七年には三〇〇九億ドルにまでずっと拡大を続けています（http://www.cfldcn.com/research/industry-insight/2018/09/08/2096.html）。

第三の理由は、アメリカの国家安全保障政策とかかわっています。

アメリカ政府は二〇一七年から一八年にかけて、中国のTCL集団、中国重型自動車集団、中国大北農科技集団などによるアメリカ企業の買収を不認可にしました。アメリカ企業のハイテク技術が中国に移転するのを恐れたからです。

二〇一七年一二月、トランプ政権の下でアメリカの安全保障戦略にかんするホワイトハウスの報告(The White House, *National Security Strategy of the United States of America*)が発表されました。

その文書の中で、アメリカの競争相手たちが情報技術を利用して、間違った情報やプロパガンダをまき散らしていると注意を喚起しています。また、それらの国々がAI(人工知能)による情報収集とデータ分析能力を向上させており、アメリカの安全保障上のリスクが高まっているという認識も示しています。その例として最初に中国を挙げ、AIを使って中国国民の忠誠心を格付けし、就職先の決定などに利用していると非難しています。ハイテク産業の開発をめぐる主導権争いは、実は世界の安全保障戦略における覇権争いでもあるのです。

このようにアメリカの対中輸入制限にはアメリカなりの事情があることがわかります。

他方で、李克強首相が二〇一九年三月の全人代後の記者会見で「あなたの中に私があり、私の中にあなたがいる」と述べたように、米中の関係は緊密な相互依存の関係にあります。

たとえば、アップルのスマホ"iPhone"は大半が中国で組み立てられています。アップルの海外の組み立て工場一八カ所のうち、一四工場が中国にあります。とりわけ台湾の鴻海傘下の富士康は七つの工場で、アップルの"iPhone"の七〇%を供給しています。アップルは二〇一九年六月、中国からの輸入品に二五%もの追加関税をかけられたら経営が成り立たなくなると、アメリカ政府に追加関税の特別免除を申請しています。

†妥協点を探らざるを得ない関係

前述したように、中国の貿易額の半分は外資系企業によるものです。

中国に進出しているアメリカ企業の売上は二〇一六年に六〇六八億ドルに達し、三九〇億ドルの利潤を得ています。また、特許や著作権など知的財産権の使用についても中国から米国への支払いは二〇一六年八〇億ドル、二〇一七年七二億ドルに及んでいます。アメリカにとってこの分野における最大のお得意さんは中国なのです。

中国は米国との摩擦を穏便に収めようという姿勢で臨んでいます。二〇一九年三月の全人代でも「外商投資法」を成立させ、行政機関や行政職員が外国企業に技術移転を強要することを禁止しました（第二二条）。知的財産権の保護を強化し、それを侵害した場合の罰則と賠償も重くすることにしました。また米中通商交渉において、中国はアメリカから今後六年間に一兆ドルの輸入を拡大することを約束しています。

中国の指導層の一部には、米中間の対立が激しくなる中で、中国の保有するアメリカ国債を売り払って、アメリカに圧力をかけようという意見もあります。後述するように、一兆ドルものアメリカ国債を中国が持っているということは、アメリカにとってその首根っこを中国につかまれているようなものです。中国は中国で、アメリカ国債を大量に売ってアメリカ国債の価格が下落すれば、自らのもつ外貨資産の価値が目減りすることになり、痛しかゆしのところがあります。

アメリカと中国は今後も長きにわたって、表向きは対立・競争し合うことになります。しかし他方で、舞台裏では妥協点を探らざるを得ない関係にあるのです。アメリカのトランプ大統領はディール（取引）に長《た》けていることを誇っていましたが、中国も「先声奪人」（機先を制す）や「場外談判」（舞台裏で交渉する）は春秋戦国時代や三国時代の古から自らが得意としてきた外交術の一つです。

3　ＩＴ企業をめぐる米中の対立

†なぜアメリカは華為をねらい打ちにするのか

二〇一八年一二月にＩＴ企業の華為《ファーウェイ》（Huawei）のＣＦＯ（最高財務責任者）の孟晩舟がカナダで身柄を拘束されました。イランに対する経済制裁措置に違反したという罪状で、アメリカの要請によるものです。アメリカは通信インフラから華為製品を排除すると発表し、これにオーストラリアや日本も同調しています。しかし、ＥＵはこれに同調せず、加盟各国の判断にまかせました。華為製品を拒絶することで、最先端の技術に乗り遅れることを恐れたからです。

二〇一九年五月、アメリカはさらに華為に対する輸出規制に踏み切り、米企業のサプライ・チェーンから華為を排除しました。同時に、安全保障上のリスクがある外国製品の使用を禁止する命令も出しています。なぜ、華為がアメリカの制裁対象としてねらい打ちされるようになったのでしょうか。

一つには、華為が二〇一七～一八年ごろから世界の通信基地局（ベース・ステーション）市場の約三〇％を占める最大手として、大きな市場支配力を持つようになったからです。通信基地局の市場では華為のライバルとして、エリクソン（スウェーデン）、ノキア（フィンランド）、中興通訊（ZTE、中国）などがしのぎを削っていますが、トップ・シェアは華為が握っています。

無線通信における周波数帯域（電波の周波数の範囲）の利用方式として、華為は主にTDD（時間分割双方向方式）を使用しています。アメリカや日本の企業が主に使用しているFDD（周波数分割双方向方式）に比べ、TDDはもっと効率的に周波数帯域を利用できる技術です。5G（次世代型高速大容量通信）時代に有利なのは華為のTDDのほうだという見方もあります。（田代秀敏論文『エコノミスト』二〇一九年三月一九日号）。

華為がアメリカから目の敵にされる二つめの理由は、華為は通信基地局ばかりでなく、スマートフォンでも世界屈指の市場シェアと高い技術力をもっており、総合的な通信機器メーカーとしての強みがあるからです。

華為はスマホの出荷台数で二〇一八年にアップルを抜いて世界第二位になっています。このままいけば低落傾向にあるサムスンを抜いて世界トップに立つ可能性もあります。

5Gスマートフォンのカギとなる部品がモデムチップ（無線通信用半導体）です。これまでのところ、スマホ用のモデムチップの供給はアメリカのクアルコム社がほとんど独占してきました。

アップルはクアルコムとの間でモデムチップの価格や特許権をめぐって裁判沙汰になり、クアルコム社製のモデムチップを他社のものに切り換えようと画策しました。しかし、二〇一九年四月に結局、クアルコム社製を使うことで和解しています。

クアルコムはアップルのみならず、韓国のサムスンや中国の小米《シャオミ》やOPPO《オッポ》などのスマホ大手にもモデムチップを供給しています。

ところが、華為のみは自社製のスマホに自社製のモデムチップを使用していて、クアルコムに頼ってはいません。クアルコムの独占に対抗し、しかも将来的にはそれを上回る可能性を華為は秘めているのです。

†中国企業の潜在力

アメリカは華為の通信基地局やスマホにはバックドア機能があり、華為が勢力を伸ばすと、世界の情報通信データが中国政府によって握られたり、通信傍受されたりするのではないかと恐れています。しかし、これまで他国や自国の指導者と国民の情報通信を傍授してきたという点ではアメリカも中国もお互いさまです。アメリカには一九九四年に成立した「CALEA（米国盗聴法）」があり、アメリカ政府は米企業から通信データを強制的に提供させることができます。中国も同様で、二〇一七年六月に全人代常務委で「国家情報法」を採択しました。

アメリカ企業のGAFA《ガーファ》（グーグル、アップル、フェイスブック、アマゾン）が世界の情報通信関連の市場を圧倒的に支配し、プラットフォーマーとしての優位性を利用してビッグデータを独占している現状も問題です。

表6-1に示したように、現在はアメリカのIT企業が売上高も利潤も中国の企業を圧倒しています。しかし将来、情報通信産業におけるアメリカの覇権に対抗できる勢力が出てくるかもしれません。そうなれば、中国の

	企業名	売上高（億ドル）	利潤（億ドル）
アメリカ	グーグル	1,368	307
	アップル	2,656	595
	フェイスブック	558	221
	アマゾン	2,329	101
中国	百度（Baidu）	149	40
	華為（Huawei）	1,076	90
	テンセント	481	124
	アリババ	385	95

表6-1　アメリカと中国のIT企業（2018年）
（注）1ドル＝6.5元で換算。
（出所）2019年3月25日の各社のHP、および華為の2019年4月の公表値による。

ＢＡＴＨ《バース》（百度《バイドゥ》、アリババ、テンセント、華為）は有力な候補となるのではないでしょうか。なぜなら、中国は二〇一八年には人口の半分を超える八・三億人のネチズン（ネット利用者）を擁しており、巨大な規模のＩＴ市場へと成長していく潜在力をもっているからです。

百度は米留学帰りの李彦宏が立ち上げたインターネット検索企業です。「太平洋の東側がグーグルなら、西側のトップを百度に」と豪語しています。

アリババ（阿里巴巴）は元英語教師の馬雲（ジャック・マー）が創業者です。アジア最大の電子商取引サイト「淘宝網《タオバオワン》」や「天猫（T-mall）」を運営しています。

アリババ系列の芝麻《ヂーマー》（ゴマ）信用という会社はＡＩによる個人の信用度格付けサービスを始めました。中国の内外で賛否両論がありますが、この会社による信用スコアは金融や不動産の貸借だけではなく、婚活などにも利用され、急速に市場を拡大しています。中国のネット通販や信用度格付け市場は巨大な人口を背後に擁していますから、いずれアリババはアマゾンの市場規模に迫ることになるでしょう。

テンセント（騰訊）はＩＴ業界出身の馬化騰が立ち上げました。インスタント・メッセンジャーの「微信《ウェイシン》」や「ＱＱ」、ミニブログとＳＮＳ機能を併せもった「騰訊微博《ウェイボー》」やスマホゲームの「王者栄耀」などで知られています。テンセントの最大の収益源はゲーム課金です。

　華為は通信機器・設備メーカーです。人民解放軍を除隊になった任正非が一九八七年に深圳で数人の社員と始めた私営企業です。創業期には社員は机の下にマットを敷いて寝泊まりするほど、仕事漬けの生活を求められました（「マット文化」）。任正非はカリスマ経営者として、軍隊式管理を採用しています。かつて深圳体育館で六千人の社員大会を開いた際には、四時間の間、水を打ったように静まりかえり、会議後にはゴミ一つ落ちていなかったそうです。

　二〇一九年の今では、華為は一八万人余りの社員を雇用するまでになっています。社員によると、任正非は人情家で世事に長け、人心掌握が巧みだといいます。他方で、幹部が現状に安住して「大企業病」に陥らないよう、幹部のリストラも辞さないほど、企業内でも競争主義を貫いています。

　前述したように、百度、アリババ、テンセント、華為などの中国のIT企業はいずれも私営企業ですが、中国にとってIT産業の発展は重要な戦略的課題となっています。私営企業であっても、中国政府がBATHの発展を支援することは間違いありません。それは、二〇〇八年のサブプライム・ローン危機の時に、アメリカ政府がシティバンクに公的資金を注入したことと似かよっています。

アメリカが米中貿易戦争をしかけた理由の一つに、中国の国有企業に対する政府の補助金支給の問題があります。しかし、一国の基幹産業の浮沈がかかるような事態が生じたときには、国有企業か私営企業かにかかわらず政府が支援の手を差し伸べるのは、中国でもアメリカでも変わりはありません。

4　米中の谷間に沈みゆく日本

†アメリカにとって中国の占める地位

かつての高度成長期には、「アメリカがくしゃみをすれば、日本が風邪をひく」とまでいわれるほど、日本にとってアメリカ経済との関係が全てという時代もありました。しかし、中国が改革開放政策に転換し、東西冷戦も終わり、経済がグローバル化した現代においては、日米中三国の経済関係は大きく様変わりしています。

図6-2は、二〇一六年の日米中三国間の貿易関係を示したものです。

日本からみると、アメリカへの輸出額より中国への輸出額のほうが一〇％ほど多くなっています。輸入額も同様で、中国からの輸入はアメリカからの輸入の二・五倍になります。中国からみると、アメリカへの輸出額は日本への輸出額の約三倍に達しています。輸入額のほうは逆で、アメリカからの輸入より日本からの輸入のほうが二五％かた多くなっています。

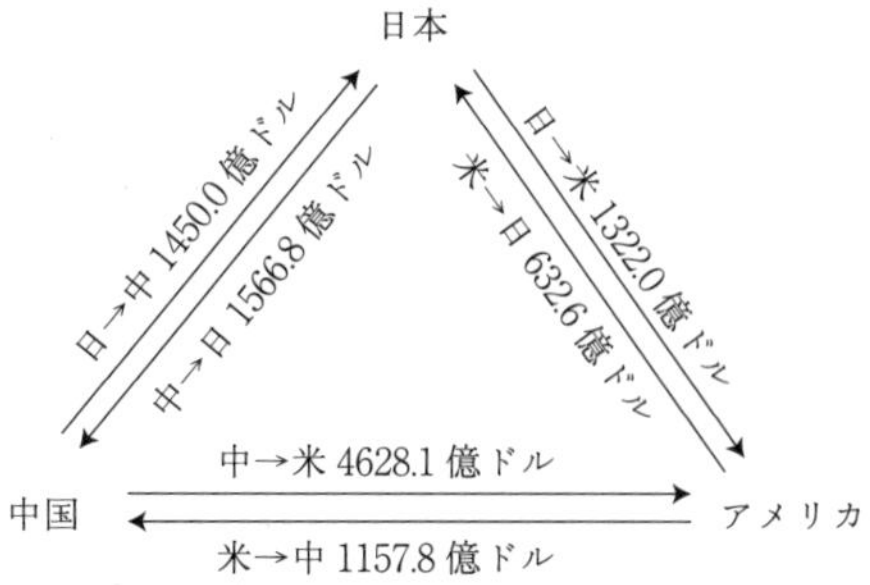

図6-2　日米中の貿易関係（2016年）
（出所）アメリカ商務省の統計と中国2017年「両会」（全国人民代表大会と全国政治協商会議）期間中の記者会見の報道による。

アメリカからみるとどうでしょうか。

中国からの輸入は日本からの輸入の三・五倍にもなります。輸出も同様で、中国への輸出は日本への輸出の一・八倍です。アメリカの貿易収支は日本に対しても、中国に対しても赤字ですが、対中赤字は三四七〇億ドルもの大きな額に上るのに比べ、対日赤字は六八九億ドルに留まっています。アメリカのトランプ大統領が対中貿易赤字を真っ先にとり上げて、米中間でもめているのにはそれなりの事情があります。

	外貨準備高（兆ドル）	アメリカ国債保有額（兆ドル）	金保有量（トン）
日　本	1.188	1.137	765.21
中　国	3.030（2017年4月まで）	1.088（2017年5月15日）	1842.6

表6-3　日本と中国の外貨準備とその運用先
（出所）中新社、中国新聞網の2017年4月と5月の関係記事による。

以上の日米中三国間の貿易関係から何が言えるでしょうか。

中国にとって日本よりアメリカ市場のほうが大きく、アメリカにとっても、日本より中国市場のほうが大きいということは、米中双方にとってお互いが最も重要な貿易パートナーになっているということです。日本がいくらあがこうとも、アメリカと中国との貿易規模にはかないません。

中国も日本も対米貿易を中心に貿易黒字の時期が長く続いてきました。そのため、両国とも外貨準備高が膨らんでいます。

外貨準備はドルなどの外貨資産や金などの形で保有されますが、各国の通貨当局はそれを運用して利子や配当を得ようとします。日中両国はともに外貨準備の運用先として、主にアメリカ国債などのドル建て証券の購入に充てています。

表6－3は、二〇一六年の日本と中国の外貨準備高とアメリカ国債の保有額を示したものです。今や中国の外貨準備高は三兆ドルを超え、日本の三倍にもなります。日本は外貨準備のほとんどをアメ

リカ国債の購入に充てています。

それに対し、中国は外貨準備の三分の一をアメリカ国債の購入に充てているだけで、金の保有量を増やしてきています。二〇〇九年一一月に中国国務院国有重点大型企業監事会の季暁南主席が「外貨準備の運用において、金の保有量を三〜五年内に六〇〇〇トン、八〜一〇年内に一万トンにまで増やすべきだ」と述べたことがあります。金の保有量は季の発言ほどには伸びていませんが、中国が外貨準備の運用対象をアメリカ国債から金へと徐々に移行しつつあることは確かです。

ドルの低落傾向やアメリカ国債のデフォルト（債務不履行）の可能性が危惧される中、ドイツやフランスは外貨準備に占める金の保有率を高めてきました。サブプライム・ローン危機後の二〇〇九年において、外貨準備に占める金の比率をみると、中国が一・九％、日本が二・三％と極めて低いのに対し、ドイツはすでに六九％、フランスは七一％と金の保有のほうが主となっています。その後、中国もそのような方向に転換しつつありますが、日本は依然として今でもアメリカ国債を保有してアメリカに寄り添おうとしているのです。

貿易関係や外貨準備の規模から見ると、日本がいくらアメリカに寄り添う姿勢を見せようとも、アメリカにとって中国の占める地位は日本より大きいものであることは否めません。

†留学生の増加と人的交流の拡大

そのことは、日米中三国間の留学生の派遣数からも見て取れます。二〇一六年の中国からアメリカへの留学生は三二・九万人もの人数に上っているのに対し、日本からアメリカへの留学生数は一・九万人にすぎません。人脈づくりは留学生の数の多さだけによるものでないことはそのとおりなのですが、それにしても一七倍もの差があれば、中国のほうがアメリカとの将来の人脈づくりにおいて圧倒的優位にあることを認めざるを得ません。

ただし、日本にとって救いなのは、それでも約一〇万人の中国人留学生が日本をめざしてきてくれているということです。日本人は「嫌中」などと心の狭いことを言わないで、中国からの留学生を日中の架け橋となる人材として大切に育てたいものです。

中国とアメリカとの人脈づくりは国家レベルでも取り組まれています。二〇一五年九月のオバマ大統領と習近平主席の会談では、中国側は三年間に米中間で五万人ずつ派遣し合うプロジェクトを提案しました。それに応えてアメリカ側は二〇二〇年までに中国語のできる「中国通」を一〇〇万人育成する方針を示しました。

トランプ大統領の下で、米中関係は冷え込み、人的交流も落ち込むと見る人もいるかもしれませんが、長期的にみれば米中交流の大きな流れは変わらないでしょう。トランプ大統領の七歳の孫娘が中国語を習っていることからも察せられるように、アメリカでは将来的な米中交流の促進や中国語習得の重要性は広く認識されているのです。

日本政府はアメリカに気を遣って核兵器禁止条約に反対したり、沖縄県民の反対を押し切って辺野古基地工事を強行したり、さらにはアメリカの言いなりにオスプレイやイージス・アショアなどの高額の防衛装備を購入したりしていますが、アメリカのアジア太平洋戦略にとって日本の地位は中国ほど重要ではなくなりつつあります。なぜなら、今日の日本がアメリカに背くことはありませんから、アメリカは中国との交渉に専念すればこと足りるからです。

アメリカと中国とは「世界で最も重要な二国間関係の主役」なのです。アメリカは「先進国の中で最大の国家」として、中国は「途上国の中で最大の国家」として双方が互いの存在の大きさを認め合っています。

社会科学院日本研究所副所長の楊伯江は、二〇一七年以降の日米中関係について、「日中関係改善を背景とした米中関係」と「米中貿易摩擦を背景とした日中関係」が錯綜しており、新たな戦略の変動期に入ったと分析しています。その上で、このような複雑で厳しい国際情勢は中国にとって、大国や周辺諸国との多国間協調に取り組んでいくチャンスだととらえています（『日本学刊』二〇一九年一期）。

今のまま日本がアメリカに寄り添い、アメリカに追従している限り、日本は米中両国の谷間に埋もれてしまいます。日本は独自の平和力と高い識見をもって、アメリカからも中国からも一目置かれる存在をめざすしかないのです。

5　日本経済の挫折

†フクシマ原発事故の教訓

戦後日本の最大の失敗は、二〇一一年のフクシマ原発事故です。放射能に汚染された地区から一〇万人近くの人々が住み慣れた土地を追われました。その分だけ日本から豊饒《ほうじょう》な国土が失われたことになります。しかも、爆発事故が起こってから八年も経っているのに、炉心はメルトダウン状態のままで、多量の汚染水も増え続けています。日本人には、世界の環境を放射能で汚染した責任があります。

映画監督の黒澤明はフクシマ事故の二〇年も前に、『夢――こんな夢を見た』（一九九〇年）という作品を発表しています。富士山の火山爆発で、原発六基が破壊され、たくさんの住民が逃げ惑う姿を描いたものです。その中で、二人の子を連れた母親にこう叫ばせています。「原子力発電所は絶対に安全だと言っていたやつらは、しばり首にすべきだ」。

原発は正常に運転されていたとしても、問題の多い技術です。

原発から出る放射性廃棄物の中にはセシウム137のように三〇年で放射能が半減する比較的寿命の短いものもあれば、毒性を消すのに数百万年かかるものもあります。核兵器の材料としても使われるプルトニウムの半減期間は二万四〇〇〇年といわれます。

現在の処分方法はこれらの放射性廃棄物をガラス固化体に包んで、地下貯蔵庫に閉じ込めておくというものです。中国でもこれが使用済み核燃料などの高レベル放射性廃棄物の主要な処分方法です（中国科学院核能安全技術研究所主編『中国核能安全技術発展藍皮書』科学出版社、二〇一八年）。

中国の原発は現在三七基が運転中で、二一基が建設中です。二〇二〇年には六〇基を運転し、総発電量の一五％にまで高める予定です。その年には使用済み核燃料は累計一万トンになります。

中国では中低レベル放射性廃棄物の処分場として、華南に広東省大亜湾の北竜処分場、西北に甘粛省の四〇四中間処理工場が設置されており、西南には四川省の飛鳳山処分場が建設中です。しかし、どこの国でも高レベル放射性廃棄物の受入れ地はなかなか見つかりません。

中国では甘粛省北山地区のゴビ砂漠に高レベル放射性廃棄物の貯蔵施設を建設する計画がありますが、まだ探査段階にすぎません。たとえ最終処分場を建設したとしても、気の遠くなるような期間にわたって後世に毒物を残しておくことになります。

原子炉から出てくる使用済み核燃料の再処理、放射性廃棄物の処理処分、再処理施設の廃止にかかわる費用を「バックエンド費用」といいます。世界で唯一、高レベル放射性廃棄物の最終処分場が置かれたのがフィンランドのオルキルオト島のオンカロです。オンカロでは高放射性廃棄物を一〇万年間、地下に閉じ込めておく計画ですが、たとえ一〇万年経ったとしてもプルトニウムの放射能は一六分の一にしかなりません。

ところが、日本の資源エネルギー庁の試算は一〇万年どころか八〇年の貯蔵期間しか設定しないでいて、「原発の電気が最も安い」と主張しています。バックエンド費用を勘定に入れれば、原発のコストが低いという説は原発推進という前提ありきの作り話であることがわかります（熊本一規『脱原発の経済学』緑風出版、二〇一一年）。

フクシマ原発事故の処理費用は、二〇一六年に経産省が公表した試算では二二兆円です。それでも、当初の見積もり一一兆円の二倍に増えています。

しかし、二〇一九年三月に日本経済研究センターが発表した試算によると、廃炉・汚染水処理に五一兆円、賠償に一〇兆円、除染に二〇兆円で、合計八一兆円にもなります。原発が経済的合理性を欠いた発電方法であることは明らかです。

原発は安全でもないし、クリーンでもなく、コストが安いわけでもないのです。

†東芝の経営破綻

二〇一七年三月、アメリカの原発メーカーWH（ウェスチングハウス）が米連邦破産法の適用を申請しました。WHは東芝の子会社です。親会社の東芝はWHの債務保証をする契約になっており、経営破綻したWHに代わり、アメリカの電力会社に六七〇〇億円を支払わねばならないことになりました。

東芝はただでさえ経営不振と不正会計処理の問題で赤字を出していたところに、新たな債務保証の支払いが加わったものですから、総計九五〇〇億円の赤字を計上する見通しになりました。東芝の資産を超える債務超過額は五四〇〇億円にもなります。

そこで、東芝は資金不足を補うため、東芝の事業部門の中でいちばんの稼ぎ頭である半導体メモリー部門（東芝メモリ）を売却せざるを得なくなりました。事業縮小を迫られた東芝の経営は危機的な状況に直面しています。

日本の代表的な総合電機メーカーである東芝が経営危機に陥ったのはなぜでしょうか。一つの理由は、そもそも東芝のWH買収が間違っていたということです。アメリカでは一九七九年のスリーマイル島の原発事故以後、原発の新規建設はあまり進んでいませんでした。そのような中で、東芝は三菱重工と同じ日本企業同士で競り合って六〇〇〇億円の高値でWHを買収したのです。市場の相場では二〇〇〇億円と見積もられていたのですから、破格の値段です。

ハリウッド大学院大学教授の寺本義也は、この東芝のWH買収と一九三九年のノモンハン事件（旧満州西北部の国境付近で日本の関東軍がソ連軍と衝突して大敗した軍事作戦）との類似性を見出しています。寺本によると、①明確な統一的目的がなかった、②組織の行き過ぎた縦割り、③ガバナンスの欠如、の三点が共通しているというのです（『AERA』二〇一七年四月一七日号)。

筆者の見るところ、ノモンハン事件も東芝のWH買収もどちらも惨憺《さんたん》たる結果に終わったのは、そもそもの目的と理念に過ちの根源があるからです。ノモンハン事件は領土拡張をもくろむ日本軍部の侵略戦争の一環でした。東芝のWH買収は、原発という後世に毒物を残すビジネスで儲けようとしたものです。いずれも目先の欲に目がくらんだ行動です。

東芝の経営危機のもう一つの理由は、アメリカの企業のしたたかなカネの取り方です。WHという採算の合わない原発メーカーを東芝に高値で売りつけた上に、その破産による債務の補償まで東芝におっかぶせているのです。

さらに、東芝メモリに出資していたWD(ウエスタンデジタル)というアメリカの半導体大手企業の動きも奇っ怪です。WDは東芝メモリの売却差し止めを国際仲裁裁判所に申し立てるなど難くせをつけていましたが、最終的には売却後の東芝メモリの株式転換社債を取得しました。株式に転換すれば、新会社の株の一五%を所有することになります。日本の企業とアメリカの企業との関係という観点からみれば、日本はアメリカから踏んだり蹴ったりの目にあわされたことになります。

以上に述べたように、近年の日本経済の衰退要因の一つは、独自の政策ビジョンや企業経営の理念を欠いたまま、目先の利益を追い続けてきたことにあるといえます。

6 日中経済協力とアジア・ビジョン

†地雷を先に踏んだ者

これまでのところで、米中と日米の経済関係を軸に論じてきましたが、以下では日中経済協力の可能性と日本のアジア・ビジョンのあり方について検討します。

改革開放の初期における中国の日本研究の重点は、国土も小さく、資源の乏しい島国がどうしてアメリカに次ぐ経済大国になれたのかを解明することにありました。とくに経済制度、財政金融、産業政策、企業経営などの日本の先進経験について学ぼうとする姿勢が強く出ていました。しかし、一九九〇年代以降はバブル経済の発生と崩壊の要因など、日本の失敗経験を「地雷を先に踏んだ者」として参考にしようというスタンスに変わってきています(中国社会科学院日本研究所『日本学刊』編輯部編『中日熱点問題研究』中国社会科学出版社、二〇一五年)。

日本型資本主義が比較的安定した社会を実現したからといって、中国にそれをそのまま導入してもうまくいくわけではありません。しかも、中国は日本と違って、人口も国土も巨大な規模であり、多様な民族や文化を抱え、悠久の歴史の重い荷物も背負っています。日本の間尺ではとても測り切れません。

また、中国の一部の官僚の中には、シンガポール型の国家建設を取り入れようとする動きも見られます。シンガポールの開発独裁体制は中国の体制と共通するところもありますが、農業問題を外国に転嫁しているシンガポールのような都市型国家の形態を中国で通用させるのはむずかしいでしょう。

シュンペーターの『資本主義・社会主義・民主主義』におけるスウェーデン福祉国家論を引くまでもなく、それぞれの国の社会、文化、歴史に適合しない形で外国のシステムをそのまま導入しても成功はしません。そういう意味で、国情も体制も異なる中国を変えていくために日本ができることは限られているのです。

†環境問題と脱原発への技術

では、中国と日本がこれからのアジア・ビジョンを共有しつつ、協力していける分野とは何でしょうか。

中国と日本に共通する課題は環境問題です。日中双方にとって環境対策こそ喫緊の課題であり、それをビジネス・チャンスとして活かすこともできます。そのカギとなるのは、脱原発への政策転換とそのための新エネルギーや省エネ技術の開発と普及です。中国を脱原発の道へと導くには、まず日本が脱原発にカジを切らなければなりません。

二〇一七年九月、中国政府は生産・輸入する乗用車の一定割合をEV（電気自動車）などの新エネルギー車にするという方針を発表しました。二〇一九年から実施されます。

中国と日本とアメリカの石油製品の使用量（万トン）をみると、中国五・一兆トン、日本一・六兆トン、アメリカ八・二兆トンです。石油製品に占める自動車ガソリンの割合は中国二四％、日本二五％、アメリカ四三％となっています（二〇一五年、IEA統計）。自動車がガソリンを使わないようになれば、排気ガスによる大気汚染が大きく軽減されることは確かです。

しかし、ここで考えなくてはならないのは、EVを使えば自動車の排気ガスは減りますが、一つの国全体でみれば新エネルギーの利用とはならないということです。なぜなら、現在の電力システムの下では、EV用の電力を発電所で発電し、スタンドや家庭にまで送電しなければならないからです。火力発電を用いれば、大気汚染や地球温暖化が進行します。原子力発電を用いれば、放射性廃棄物が累積していきます。EVを排気ガス削減や脱原発と結びつけるには、送電ロスが少なく、エネルギー使用効率の高い家庭用小型発電機（エネファーム）や太陽光発電でEVの充電をするという条件が必要です。

脱原発や大気汚染防止を推進するのなら、EVよりもっと効果が大きいのはFCV（燃料電池車）です。水素と酸素の化学反応によって発電した電気でモーターを駆動する車で、排出するのは水だけです。一九九四年にダイムラー・ベンツが開発しました。日本ではトヨタが二〇一五年に発売を始め、二〇二五年には二〇〇万台の量産を計画しています。

中国の地方政府の中にもFCVに積極的に取り組んでいるところがあります。広東省仏山市南海区では、二〇一八年にFCVの市バス二二台とFCVのトラック五〇〇台を導入しました。上海市は二〇二〇年までに水素ステーション五〜一〇基を設置し、FCV三〇〇〇台を走らせる計画です。江蘇省常熟市ではトヨタが水素ステーションを設置し、「MIRAI（未来）」という車名のFCVを二台運行しています。

自動車のガソリン消費量を抑えるには、自動車の車体の軽量化も重要です。CNF（セルロースナノファイバー）は木材繊維をナノレベルまで細かくほぐした最先端技術の素材

	総発電量（億 kWh）	水力（%）	火力（%）	原子力（%）	風力（%）	太陽光（%）	その他（%）
中国	58,600	19.3	73.8	2.9	3.2	0.8	0
日本	10,242	8.9	88.7	0.9	0.5	0.7	0.3
米国	43,172	6.3	68.6	19.2	4.5	0.8	0.6

表 6-4　発電量の構成（2015 年）
（出所）IEA データ（『世界国勢図会 2018/19』）

です。鉄の五分の一の軽さで、鉄の五倍の強度を持つといわれています。

以上に述べたように、家庭用小型発電機、ＦＣＶ（燃料電池車）、ＣＮＦ（セルロースナノファイバー）の三つは、脱原発を可能にする技術です。これらの製品が中国と日本の二つの巨大な市場をバックに量産できるようになれば、コストも大幅に下がります。

表６－４は中国と日本とアメリカの発電量の内訳を示したものです。今や中国の発電量は世界トップで、日本の約六倍になります。中国は、風力や太陽光などの再生可能エネルギーによる発電において、絶対量でも構成比でもすでに日本を上まわっています。

往時、太陽電池パネルの製造における中国最大手であったサンテック（尚徳）は破産してしまいましたが、それを継ぐ企業がつぎつぎと出てきています。二〇一八年、太陽電池パネルの市場シェアにおける世界トップスリーは、晶科能源（Jinko Solar）、晶澳太陽能（JA Solar）、天合光能（Trina Solar）、の中国企業三社が占めています。

アジア全体が脱原発と環境優先へ向かってカジを切り直せば、アジアに新たな共存共栄の道が開かれます。それも、デンマークやスウェーデンのような北欧の環境先進国よりもずっと大がかりに、かつスピードをもって進めることができるはずです。中日双方の企業にとって大きなビジネス・チャンスが広がっているのではないでしょうか。

日本の経産省が発表した二〇一八年版『通商白書』は、国際経済において中国の経済力が急速に拡大していることを認めたうえで、「中国の活力を日本の活力につなげていく必要がある」と述べています。二一世紀に入って以降、日中間は政治や外交が経済に冷や水を浴びせてきました。その点では、『通商白書』の趣旨は評価できますが、日本の利益というせまい料簡からまだ脱け出てはいません。せめてアジアの平和共生と環境に資するというビジョンの下に、日中の経済協力を推進していきたいものです。

世界のあちこちで戦争をしかけるアメリカとも、軍事予算を拡大して海洋進出を図る中国とも一線を画しつつ、日本はもっと知恵を絞って、独自の平和共生の道を探ってみてはどうでしょうか。それでこそ、「黄昏」の日本が魅力的だと言えるのです。

アメリカや中国に変わってほしいのであれば、日本も変わらなければなりません。

おわりに

中国が改革開放政策に転換したばかりのころ、筆者はまだ浪々の身でした。ほどなくして幸運にもアジア経済研究所に職を得て、研究者として糊口をしのぐことができるようになりました。その後、四〇年間にわたって各地を転々としながら、同時代史として中国の改革開放の歩みを見てきました。

勤め先が神戸から札幌に変わって六年余になります。北海商科大学の八階にはHINAS（北海学園北東アジア研究交流センター）と中国社会科学院の北海道研究交流センターがあり、頻繁な学術交流の機会に恵まれたことも研究の一助となりました。

改革開放当初に一家四人で北京の友誼賓館に住み、『北京通信――経済学者の観た中国社会の「論理」』を著した西川博史、くしくもベトナム反戦世代の共通の友人をもつことを知ったアメリカ政治史研究の古矢旬の両氏との出会いと日ごろの議論も得がたいもののでした。

今回は久かたぶりに中国経済に関する著作を世に問うことになります。ようやくにしてアジ研時代の研究分野に戻ってきたといえるかもしれません。

言わでものことかもしれませんが、本書で論じた内容はあくまで筆者個人の見方です。いかなる団体・機関の立場や見解とも全く関係はありません。もし本書に誤りがあったならば、それについての一切の責任は筆者に帰せられるべきです。

最後になりましたが、出版への道すじを的確に示してくださった松村繁樹さん、周到にして熟達の編集を手がけてくださった松田健さん、筑摩書房のお二人には深く感謝するばかりです。

リラ冷えの街にて

石原享一

初出一覧

本書は全体を通じて新たに書き下ろしたものですが、次の章を執筆するに当たり、拙稿の一部を参照しています。

第2章　「逡巡する中国の新改革――富強と効率と公正のトリレンマ」『東亜』二〇一四年一月号

第3章　「中国の食品安全問題と企業文化」『北海商科大学論集』二〇一四年二月号

第5章　「新疆ウイグル自治区の経済構造――国家と市場と多民族のトリレンマ」『北海商科大学論集』二〇一七年二月号

ちくま新書
1431

習近平《しゅうきんぺい》の中国経済《ちゅうごくけいざい》
——富強《ふきょう》と効率《こうりつ》と公正《こうせい》のトリレンマ

二〇一九年八月一〇日　第一刷発行

著　者　石原享一（いしはら・きょういち）

発行者　喜入冬子

発行所　株式会社 筑摩書房
東京都台東区蔵前二-五-三　郵便番号一一一-八七五五
電話番号〇三-五六八七-二六〇一（代表）

装幀者　間村俊一

印刷・製本　株式会社 精興社

ISBN978-4-480-07248-1 C0233

ちくま新書

1223
日本と中国経済
――相互交流と衝突の一〇〇年
梶谷懐
「反日騒動」や「爆買い」は今に始まったことではない。近現代史を振り返ると日中の経済関係はアンビバレントに進んできた。この一〇〇年の政治経済を概観する。

1258
現代中国入門
光田剛編
あまりにも変化が速い現代中国。その実像を政治史、文化、思想、社会、軍事等の専門家がわかりやすく解説。歴史から最新情勢までバランスよく理解できる入門書。

1011
チャイニーズ・ドリーム
――大衆資本主義が世界を変える
丸川知雄
日本企業はなぜ中国企業に苦戦するのか。その秘密は、カネも技術もなくても起業に挑戦する普通の庶民のハングリー精神と、彼らが生み出すイノベーションにある！

1080
「反日」中国の文明史
平野聡
文明への誇り、日本という脅威、社会主義と改革開放、矛盾した主張と強硬な姿勢……。驕る大国の本質を悠久の歴史に探り、問題のありかと日本の指針を示す。

1277
消費大陸アジア
――巨大市場を読みとく
川端基夫
中国、台湾、タイ、インドネシア……いま盛り上がるアジア各国の市場や消費者の特徴・ポイントを豊富な実例で解説する。成功する商品・企業は何が違うのか？

1345
ロシアと中国　反米の戦略
廣瀬陽子
孤立を避け資源を売りたいロシア。軍事技術が欲しい中国。米国一強の国際秩序への対抗……。だが、中露蜜月の舞台裏では熾烈な主導権争いが繰り広げられている。

1019
近代中国史
岡本隆司
中国とは何か？　その原理を解く鍵は、近代史に隠されている。グローバル経済の奔流が渦巻きはじめた時代から、激動の歴史を構造的にとらえなおす。